你，其實很好

學會重新愛自己

推薦序

女性的自我追尋之旅——《你，其實很好》

初閱宜蓁這本書《你，其實很好》，就像是讀著她的自我追尋的歷程一般。從身為「誰的女兒」這個身份，面對父母的期待與「男女不平等」的不同對待；到身為「誰的妹妹／姊姊」，面對手足競爭與父母的愛；或是，進入親密關係後，身為「誰的女朋友」，甚至是成為「誰的妻子」，進入家庭後的身份改變以及內心的各種糾結與矛盾……不同的身份，就像是不同的面具一般，將我們女性的「自我」，深深地藏在這些身份的最後面。

同時擁有如此多的角色，若想將其一一扮演好並不容易；而當身份轉換時，如從女兒變成媳婦，從女友變成妻子，或是，真正地成為一個母親，面對社會與自我期待時，那些內心的矛盾與掙扎，或許身為女性的我們，對此皆不陌生。吳宜蓁心理師，真實地將自身投入「找尋自我」的這條路途，涉足險流，跨越重重關卡，也不諱言地承認，自己曾經迷失在那些岔路中。尤其是，當遇到人生種種難題所帶來的自我懷疑，以及認真面對生活的各種考驗後，自我如何學會找到一個暫時安置自己紛亂的心的「所在」；如何學會聽從自己內在真正的聲音，而非外在的各種意見……這樣一步步地，吳宜蓁心理師與自己、與個案，一起慢慢找尋屬於自己的那條路，將這些真實的發現，體現在自己的日常生活中。

我是誰？什麼是「自己」？什麼是「自己想要的」？什麼叫做「愛自己」？……現在越來越多聲音，提醒我們應該要「很有自己」，但身為女性，面對如此多的社會角色，「做自己」談何容易？只是，當我們在各種角色、各種他人的聲音與期待中迷失了、甚至失去了自己，那些面具就算做得再精美，失去「自己」的我們，不免會感到空虛與孤單，懷疑自己生存的價值與意義。如果，你願意給自己一個機會能夠暫時卸下一個個沉重的身份與面具，讓你能輕盈地與內在「自我」說說話……那麼，誠摯推薦你吳宜蓁心理師的這本書《你，其實很好》，讓此書陪伴你與內心的自己，度過一段難以替代的珍貴時光。

心曦心理諮商所所長　周慕姿

作者序 活出自在的自己

我是一個一直在跟自己抗戰的人。還記得當初大學在選擇心理系的時候，高中好友直言對我說：「我覺得你不該念心理系，因為你自己內心就很有狀況了。」一當時的我很難反駁好友的一番建言，還怕她一語成讖，我真的「不適合」踏進心理的領域。但因為對心理系的嚮往，在於我很想了解自己與自己的心理狀態，我開始走在一條了解自己，也了解他人的道路。

從踏進心理系到現在將近十年，我仍然有時候心情會起伏、有時遇到挫折仍會沮喪甚至低落個好幾天，但我卻發現，隨著我對自己的了解，我愈來愈能信任自己，我的情緒波動愈來愈能靠我自己安撫下來，我也愈來愈接受我的樣貌。這並不完全是因為我念了心理系，而是因為在這十年過程當中，我不停地在面對我自己，了解我自己，練習信任自己，對自己誠實，也原諒自己的不足，接受自己的弱，肯定自己的好。

以前的我以為，要表現得夠好、努力到別人無法挑剔的地步，我就不會這麼的沮喪與自卑。於是我總是非常努力，努力追求進步，也努力不讓父母師長朋友有機會嫌棄我。目標是有一天，我可以什麼都很好，讓別人總是投以稱羨的眼光，可以佩服我，我就不再需要面對那些讓我羞愧、自責的狀況。可是當我漸漸發現，那個目標實在太遙不可及，然後一次次的挫敗，讓我愈來愈感覺自己很糟，我也愈來愈不快樂，也愈來愈難相信自己，包括相信自己會被同儕喜愛、在愛情當中能夠被專一疼愛、在父母眼中我是重要的小孩。

我才發現，很多時候內心的不快樂，有時候來自於對自己的不滿足，以及對關係的在意。

很多時候我們的不快樂，不是來自不夠努力或表現得不夠好，而是內心千迴百轉的感受與想法，讓我們面對許多的人事物，都有一個「自己不好」的心理習慣。當有著這樣「自己不好」的習慣之後，便不容易表達自己的在意與需要讓他人知道，也不容易幫助自己在與他人的關係裡感覺平等與舒適。

在與自己抗戰的過程當中，我發現在我們的社會裡，強調著「團結」、「犧牲奉獻」、「委曲求全」這些價值觀，每當追求自己的利益，滿足個人需要，就常常會被「自私」、「壞孩子」綁在一起。劇本當中，忍受委屈的主角，總是獲得眾人最多的同情，而這些委屈的主角們，總是可以用他們堅韌的力量克服萬難，就好似是我們內心渴望的投影——我們想要去相信「熬過這一切，總有一天我可以重獲新生」。

然而，當我們無止盡的順應他人的需要，忽略自己的聲音，我們卻會逐漸遺忘自己擁有改變人生的力量，無法相信自己擁有許多的能力，擔心害怕的感覺龐大到讓我們恐懼轉變痛苦的現狀，而終將失去自我。

"No price is too high to pay for the privilege of owning yourself."

-- Rudyard Kipling.

在我與自己抗戰之路，我發現「擁有自己」才是真正讓自己感覺舒適邁向自信的重要關鍵。「擁有自己」並非指的是一切以自己為主，而是可以開始關注自己的感受，看重自己的需要，在不傷害他人的前提之下用自己可以接受的方式適時地讓自己的需要得以被滿足。

這本書我想要從每一個人內心的自己出發，看見自己在乎的是什麼，又有被哪些價值觀綑綁了，阻礙了我們相信自己夠好。從家庭中、伴侶關係間，我們如何受到環境的影響而讓我們始終難以跨出走向自己的道路，最終，又要如何回到自己，從自己的心開始出發，透過心態上的轉變，以及一些心理學上的技巧，讓我們愈活愈自在。

心曦心理諮商所創辦人之一　吳宜蓁

目錄
CONTENTS

第一章　我，真的不夠好嗎？

第二章 你愛家人，還是家人愛你？

目錄
CONTENTS

第三章　感情與婚姻中，最難的是自己

第四章　找回被遺忘的自己

第一章

我，真的不夠好嗎？

為他人著想時，也要為自己著想

因為太想要扮演好生活中每一個角色，於是忙著應和他人的要求，做出一個個並非發自內心的舉動，犧牲自己的時間、金錢……直到犧牲了完整的自己……你，也懷疑過自己是否不夠好嗎？

什麼時候，你開始學會忍耐？

雖然秀靈一直是家裡的「乖小孩」，當爸媽向姊姊、弟弟說她乖的時候，她當然很得意。但更多時候秀靈覺得很不平，為什麼乖乖聽他們的話認真念書的自己，考上前三志願是「理所當然」，卻看不見她那幾年捨棄所有與同學玩樂的時間，每日埋首於書本與參考書中直到深夜，努力克服著自己不夠聰明的挫折，以及成績不夠優秀的恐懼。

她才發現，除了想要吸引父母的眼光，獲得他們的重視外，也希望藉此讓父母看見她這麼努力、這麼用力，當父母對她「不夠好」，就是他們偏心！也想讓其他人看見，她已經這麼努力了還是受了委屈，因為他們重男輕女！

已經無法回憶從小學幾年級開始，我就懂得「吃得苦中苦，方得人上人」這句傳統俗諺，甚至深深刻在腦袋裡，並反應在舉手投足之間。許多人相信吃苦是傳統美德，唯有能夠吃苦耐勞的人，才能夠出人頭地，才是讓人佩服與尊重的人。

在家裡，受了委屈不要張揚，「忍」就對了，總有一天家人會看見自己的苦心；在愛情中，面對情人的咄咄逼人、莫名要求，總有一天對方會看見自己有多用心，懂得自己有多愛他，看見自己為對方的付出有多麼多；在工作時，老闆暗暗嘲諷自己就像草莓族，面對那些的酸言酸語，為了生活下去而默默吞下，卻又一面懷疑著自己是否真如老闆所說的草莓族，一面又不甘於這些評價，認為默默努力總有一天會被看見……

為了稱讚，你努力再努力

我自己是這麼長大的：從小，我就是那個聽話、不會有太多意見、在課業上認真進取的小孩，因為我總覺得爸媽與長輩的眼中，弟弟比較重要。弟弟可以在飯後有一盤媽媽切好的水果，不會被要求洗碗、做家事，不用特別做些什麼便自然獲得許多關注。我發現，只有在看見我考試一百分、段考得到第一名時，他們的眼睛才會露出像在看弟弟般地閃亮光芒。

剛好姊姊與弟弟小時候並沒有將重心放在課業上，這當然就變成了我獨有的武器，所以我拚命地、努力地念書，我認為在父母眼神發光的那個片刻，他們只為我感到驕傲，我可以在那時獨占他們的注意力。然後，總有一天他們會知道，我才是那個最聽話、最有成就、最棒的女兒，說服自己現在他們看不見我，沒有關係。

只是，雖然我們相信這些辛苦的日子會結束，盼望著自己的努力被看見的那一天，卻時常在痛苦的邊緣掙扎著，埋怨為何總看不見自己的苦心與努力，也害怕著努力被看見的一天不知何時才能到來。就像走在一條看不見盡頭的荊棘之路，腳底已磨出水泡，身上布滿了刺與傷痕，比起這更多的是心的疲憊——我真的不知道還要撐著多久才能度過這段荊棘路。

身邊的朋友們，可能會開始勸誡自己：「對自己『好』一點吧」，要我們不要理會那些長輩、父母的態度言語、與那個控制狂另一半分手、丟下辭呈找下一個識馬伯樂。雖然知道應該對自己「好」，卻怎麼也無法與那個讓我不斷懷疑「我」是否是個沒什麼價值的人一刀兩斷，依然在關係中死命掙扎。「總有一天」是支撐著我們走下去的重要信念，同時也是讓我們放棄去尋找其他可能性的阻礙。

想要追求更好的自己，是身為人的本能，是人類發展的原動力。我們會在各種角色中，發現自身的缺乏與不足，並會想要透過努力與追求，為自己設定目標，來讓自己更加進步，能力變得更好，成為更好的人。心理學家Adler便認為，人們會因為看見自己的不足，而想要努力變得「更好」，追求更好的自己以獲得安全感。

是更好的自己，還是他人的期待？

只是，我們有時會設定了錯誤的目標，誤以為滿足他人的期待，就是「好」，就是該前進的方向。內心認為媳婦總有一天能熬成婆，誤以為在關係中「忍耐不平的對待」是面對困難的唯一解答。尤其「忍耐」是華人文化當中備受推崇與讚賞的行為與態度，我們相信著「忍辱負重」的正面意義與價值。

實際上，當對方看見自己為關係而退讓，也對自身的需求做出相對的調整，相互忍耐的確給予了彼此關係上的彈性與空間，適度的忍讓對關係是有建設性意義的；然而，若要在關係當中忍氣吞聲，內心深感委屈，又時常感覺焦慮或不悅，對關係的感覺「苦」多於樂，這樣的忍耐便成了壓抑自我的情緒與需求，對關係只是有害乏益，甚而影響心理或生理健康。

當開始發覺到「努力」、「忍耐」讓自己感覺無力、心情低落、委屈，這是一個很好的訊號，幫助我們開始回頭去想想：「我，正在追尋的是什麼？」有時候，會告訴自己：「我這麼做，是因為想要讓彼此都開心、不想讓對方難受、想要對方知道他是錯的，我是對的。」

可是有時候，內心更多不敢承認的，是想要藉由拚命的努力，證明自己仍有價值；有時候，想讓身旁的人都看到自己真的已經做了所有可以做的事，是對方不懂得珍惜自己；也有時候，忍耐讓我們獲得他人同情與憐憫的眼光，獲得他人的支持與鼓勵。因此，忍耐是一種自我荼毒，也會變成一面閃亮的勳章，證明自己是個不畏艱難的人（即使這條路是錯的）；忍耐也會變成了一把可以傷害他人的利器，我們有了可以證明是對方不夠好、不識好馬的好武器。最終，我們想要的，其實是被對方好好的肯定，好好的呵護。

豎耳傾聽，內心的小小孩的聲音

每個人的心中，都有一個小小孩，渴望依賴，希望被照顧與保護，即便我們已長成大人，內心的小小孩卻依然存在。他代表著內心最純真的部分，想要被愛，渴望被呵護。我們以為只有「變得更好」才會被愛，也以為只有滿足他人對自己的期待才能得到愛。可是，當我們汲汲營營去達成他人的期待，扮演他人希望的樣子，內心的小小孩也被迫藏在一個看不見的地方，聽不見也看不見他暗自在內心的角落啜泣，明明渴望被愛，最後卻看不見自己。

內在的小小孩不會因你的忽視而消失不見，即便把他藏在一個真空的小角落，他只會愈來愈用力地讓你看見他，你會感到難受、焦慮、悲傷、憤怒。唯有我們看見內心那個受傷的小小孩，聽見他們的恐懼與無助，才可以好好的安撫他，讓他知道仍然有人關注著他，即便他不是大人想像中的樣子，依然值得被聽見與看見。

聽！他在說些什麼？

你，其實很好

1. 我們想要追求更好的自己，是身為人的本能，是人類發展的原動力。
2. 忍耐是一種自我荼毒，也會變成一面閃亮的勳章，證明自己是個不畏艱難的人（即使這條路是錯的）。
3. 每個人的心中，都有一個小小孩，渴望依賴，希望被照顧與保護。

在比較中，遺忘了自己是誰

淵旋從有印象開始就是不停地被比較。小時候父母會比著「誰比較乖」，連便當店的老闆娘都會直接對她說：「跟妹妹誰比較漂亮」，然後上學了就比「誰考試考得比較好」，大學畢業被親戚家人追問著工作薪水「誰賺比較多」。

然後她想未來就是不停被比「誰嫁得比較好」、「哪個人的老公比較優」，想到這些比較，有時候得到「比較優異獎」，開心當然不在話下，但真的很害怕哪一天會落馬啊！然後就繃緊神經，緊緊護著獎盃，可是淵旋卻覺得活得好累啊……

你是否也曾有這樣的時刻：不停地比較自己與他人，從髮型、服裝、臉型、膚色等外貌，到學歷、家庭狀況、經濟能力、事業等成就，但無論怎麼比，總覺得自己輸人一截，沒有突出之處，平庸如一般人，卻又渴望他人的注目，就如同那個比較的對象一般。甚至有時候感覺自己「比較成癮」，忍不住就是想要計較爸媽對誰比較好，主管對誰比較信任。比較之後若自己真的「比較差」，就開始懷疑自己是否真的做得不夠好、不夠多，或是自己比較沒有價值，所以獲得不了他人的重視。

經過層層的比較之後，開始感覺自己愈來愈不快樂，會忍不住找愈來愈多可以比較的事物來與其較勁，但不知道怎麼的，卻只覺得自己愈來愈糟，看到愈來愈多需要改進與增強的部分，對自己愈來愈沒有自信。

其實，在我們的成長過程當中，碰過太多「比較與被比較」的場面，從學歷到外貌、婚姻，什麼都能比，比什麼都不奇怪……

我們在潛移默化當中，學會了比較，有時從比較中感覺到自己的優異，找到成就與優越感；有時卻讓自己陷入一種難以自拔的負向迴圈，看見自己總是少了什麼、缺了什麼，甚而開始覺得自己一無是處。

別讓比較成為你痛苦的源頭

或許比較讓人嘗盡痛苦，但這些痛苦仍無法阻止人們繼續比較，難道是因為我們這麼喜歡自虐？其實並不是的，比較的確有時讓人愈來愈不滿意自己，但有許多時刻，比較的意義是讓人可以對自己有更多的了解。就如同考試排名，從名次了解自己的學習成就在團體中的相對位置，也藉由他人來了解自己的學習狀態到達了怎麼樣的程度。就像是在汪洋中漂流的船在大海中拋下一個錨，它變成了我們的基準點，以此為基礎了解自己的相對位置，對自己的位置做出解讀。

我還記得網路上有一個補習班名師在影片中說了一個故事，內容大約是在講有個女學生失戀了，內心非常痛苦因而找老師尋求安慰。雖然老師告訴她許多道理，女學生仍然在被分手的情緒當中。後來老師為了讓她心情可以比較平復，想到了一個辦法，突然到飲料店買了一大桶的綠茶，並要她把這些綠茶一口氣喝掉，喝到最後女學生痛苦萬分，甚至開始嘔吐飆淚。這時候老師問她痛不痛苦，她說痛苦，老師問她是否比失戀痛苦，她回答「是」。老師後來幽默的下一個結論：「痛苦是比較出來的。」

看完這段影片時，我也笑了出來，一方面欣賞這位老師的幽默，一方面又佩服他用實際體驗的方式，讓人去感受到「經歷或看過更痛苦的事情，藉此讓自己比較好受」。在學校裡，我也會讓孩子們看看非洲難民的生活與飲食環境，來讓他們珍惜目前擁有的生活，珍惜食物。比較有它正面的意義，讓我們看見自己未曾注意的擁有。

我們藉由了解比自己更加弱勢的人，身處在更糟糕境遇的人，體會到自己的幸福；但同時，也會因為看到「人生的勝利組」比自己優異的條件，認為自己仍有一段需要更加努力才可能追得上對方，甚而懷疑自己不受上天眷顧，怨天尤人，自暴自棄。比較，可以讓我們不過度耽溺在自己的痛苦當中，仍能看見自己的擁有；比較也可以讓我們對目前的自己感到不足而沮喪，看見自己失落的一角。比較讓我們看見自己，有時滿足了自己的優越感，所以不停地比較，想要去「證明」自己很好；比較也讓人看見自己的缺乏，感受自己的不足，於是感到難受，懷疑自己是否沒有價值。

過度的比較，反而讓我們失去自己

當淵旎發現，只有藉由比較，她才能獲得安全感時，她已經落入比較的漩渦中無法自拔。只有藉由比較才可以知道自己到底好不好，自己是怎麼樣的人。

「比較」不壞，它有其正面意義與價值，但當過度耽溺於比較當中無法自拔，把比較取代了本身對自我的認識，便會產生一種錯覺：比較後的結果才是真理。對自己的評估與理解不重要，於是與他人比較後的結果慢慢變成了自我價值的代名詞，任由他人的表現與成就來定義自己價值，便遺失了許多的自己。

「比較」，讓我們得知自己與其他船隻的距離，卻也要看看自己在航行途中，經過了哪些美麗島嶼，經歷了怎麼樣的暴風雨，又曾看見多少次的彩虹。當把自己的價值建立在比較上，便會慢慢忘記自己在過程當中的努力，失去看見自己本質的能力，迷失在汪洋當中。

你知道自己是如何與他人比較的嗎？

淵旋突然發現，她總是習慣去比那些自己比別人差的部分，但比別人優秀的部分，她都覺得那是理所當然的。聽起來好像是自卑，但其實卻是自己的驕傲——她應該要是個什麼都很厲害的人。

有時「比較」會像個癮，在比較中安定，卻也在比較當中自卑。因為比較可以讓我們從他人的視角來看看自己，從另一個角度來衡量自己，然而若只從他人的角度來了解自己，便會失去對自我的評估能力。

回到自己本身，想想「我」是怎麼想自己的？我「感受到的」自己，又是一個怎麼樣的人？這能幫助我們回到自己本身對自己的認識，感受自己的存在，才不會一味地將自己的價值，交託在他人的手中而不自知。

你，其實很好

1. 比較的結果慢慢變成了自我價值的代名詞，任由他人的表現與成就來定義自己價值。
2. 只看到了拋下錨後，自己與其他船隻的距離，卻忘記在航行途中，經過了哪些美麗島嶼。
3. 想想「我」是怎麼想自己的，我「感受到」的自己，又是一個怎麼樣的人。

親愛的，別當貨架上的商品

怡玲非常在意別人的看法，在意到一種無可自拔的地步，所以她不是很愛讓其他人知道自己的事情，當她知道別人會談論自己，也會讓她覺得很焦慮，會很想知道對方到底是怎麼想自己的，也很害怕在別人眼中，自己哪裡做得不夠好。

所以怡玲每天都戰戰兢兢，深怕哪一個不對，就讓其他人留下不好的印象。常常處在很緊繃的狀態，不太敢表現真實的自己，只怕真的自己不被其他人喜歡……

暢銷書《被討厭的勇氣》寫進了很多人的心裡，我們都害怕在這個社群當中「被討厭」，總是很努力的讓他人喜歡自己，讓他人感覺舒服，讓他人覺得自己「很棒」。從小到大，由小而大的期許都不斷放在身上：小時候開始，被灌輸著要努力念書，上了不好的大學會被瞧不起。畢業後，要進好公司，賺很多的錢，才會讓人覺得自己很優秀。

談戀愛時，跟女朋友出門約會，若要AA制怕會讓人覺得自己小氣。結了婚，不敢違逆公婆的要求，擔心人家說自己是個不孝媳。好多好多社會與傳統認為的「應該」，我們被這些「應該」推著走，漸漸不確定自己的腳還能不能走。

說實話，哪來這麼多的「應該」？

你可曾想過，這些「應該」到底是從哪裡來？這些應該可能來自從小到大的耳提面命、一些傳統故事隱隱傳達著「怎麼樣做才是一個好人」——這些期待都來自於「其他人」。於是我們拚命去做到一些不符合目前時代時宜或個人需求的事情，想要扮演好自己的社會角色，為了達到其他人「理想」的樣貌。

可是，我們卻也漸漸忽略，過去傳統對角色的期待，有多少傳統的背景脈絡，當上一輩的長輩師長努力教導我們「做人的道理」，但他們往往只是以自身的「經驗」來傳承，男尊女卑的傳統文化、傳宗接代的家族概念、以個人的成就代表著家族的顏面，在在影響著我們的價值觀。

再者，他人的期待，往往也反應著期待者自己內心對「應該」的自我驅策，但卻將自己對自己的期待放在其他人的身上，那是期待者對自身的要求，有時候甚至是他們內心的遺憾。就像我父親期待著我可以心無旁騖地專心念書，從小就交代孩子不用交朋友、做家事，努力念書就對了。後來聽爸爸說才知道，那是以他的自身經驗出發，他覺得自己與叔叔們小時候因為忙著玩樂打工，所以現在學歷不高、工作辛苦，認為念好了書，未來出了社會工作才會輕鬆，不會被別人瞧不起。

於是我們在內心刻出了「理想角色」的模板，期待自己也可以成為這些理想的角色。但往往會忽略了現在社會不同的文化道理，我們會被這些過去的社會價值觀所綑綁，鞭策自己去達成那些無止盡的期待與教條，卻忘了去看見，有些加諸在我們身上的期待，並不符合自己的需要。即使知道這些期待不合理，卻也無法停止內心無法達到他人期待的罪惡或羞愧感。

真的，好希望你看見我有多努力

其實月影常常覺得婆婆對自己的態度跟評價真的很不公平，明明生病時請假帶他們看醫生的是她、下班回家的晚上跟週末煮飯給小叔、小姑吃飯的也是她，但婆婆在跟街坊鄰居聊天時卻對小叔、小姑讚不絕口，對月影則是天天挑剔菜煮得不好吃，家事做得七零八落。月影真的很氣，又覺得自己的確做得不夠好，所以她就更努力更用力，想要扭轉婆婆對她的看法……

明明我們心知肚明，有些他人對我們的批評是多麼的以他自己為中心，自己的努力與付出卻被當成理所當然般不屑一顧，只因為做得沒有達到他期望的，就得承受他的批評與評價。

已經這麼努力，卻還是覺得自己做得不夠多、不夠好，明明氣憤，卻又有自己做得不夠好的罪惡感，於是花更多的力氣去付出，只是希望努力總有一天可以被看見，多希望對方看見，我為了維持彼此良好的關係付出了多少。

千萬別因害怕犯錯而不相信自己

我們會如此在意別人看自己，其實也是因為常常覺得自己「不夠好」。時常覺得自己做得不夠多，能力不夠好，也常常覺得自己不會被他人喜歡，缺乏「自己很好」的自信心。當我們已經如此認定了自己，想當然爾就更會去傾聽這類「我不夠好」的聲音。我自己也是如此，剛到新環境時，我會非常戰戰兢兢，擔心自己做得有瑕疵，主管便會對我感到失望，認為我不夠專業。也會常常去猜想誰誰會不會覺得我哪裡不夠好，會不會不被喜歡，即使他只是給我一些意見，我就會覺得很丟臉，認為所有人都會覺得我不夠用心。

還記得在念研究所時，每次在上台報告之後都會很沮喪，尤其當同學老師給我一些報告上的意見時，我就會覺得自己真是能力不足的人；同時卻也忽略了其他稱讚我投影片做得很漂亮、講話簡單明瞭的聲音。我會把自己的優點當作理所當然，覺得我就是因為太龜毛在無聊的小細節所以才把投影片做得很好，我不喜歡解釋太多所以話才少；但卻會無限擴大我的缺點，覺得自己不夠聰明、書念得不夠好、沒有更勤奮的找尋與閱讀資料，所以同學才會給我意見。於是，別人一點良性的意見就足以左右我對自己報告的評價，影響甚至大過他人對我的很多稱讚。

我們如此在意他人的眼光，深藏在內心的恐懼，是害怕。害怕被拒絕、害怕失敗、害怕犯錯，擔心一旦做錯了，自己就是一個壞小孩，擔心不好的自己會被嫌棄、被丟下，所以拚命的努力，用了他人的眼光來定義自己的價值。

別讓別人來決定你的價值

在岸邊看水面的船，好似動也不動的在水面上，很穩定。但只有船上的人知道，水看起來再平靜無浪，依然有它的流動，影響著船的些微飄盪，而這是岸邊的人所感覺不到的。因此，旁觀者未必可清，我們可以去了解他人眼中對自己的觀感與評價，然而卻也要清楚知道那不是絕對。當我們決定任由他人的嘴來認定自己的價值，也會忘記自己是誰，更加失去自信，就像貨架上等待被標上價格的商品，任人標價。

但是，你的價值，該由你決定！

你，其實很好

1. 他人的期待，那是期待者對自身的要求，有時候甚至是他們內心的遺憾。
2. 內心不平明明到了極點，卻又無法停止自己不去在意別人的看法。
3. 我們可以去了解他人眼中對自己的觀感與評價，然而卻也要清楚知道那不是絕對。

是誰教會了我們委屈？

子婷初進職場三個月，對於工作的適應上一直都覺得很困難。一開始主管抱怨她太過內向，一直要她練習面對客戶時主動、活潑。即使子婷覺得主管的要求不太合理，但她想：「剛入職場，可能外向的形象真的很重要吧？」於是她努力把自己變得多話與活潑。可是她愈來愈認為，自己雖然內向，但應對還算得宜，並沒有影響到處理工作的能力，但因為擔心自己是不是真的還做得不夠，遲遲不敢對主管提出自己的想法與意見。

後來主管卻沒有因為子婷的努力而感到滿意，反而變本加厲，對於子婷經手的案子與文件，不論她怎麼樣的小心與認真，總是無止盡地不屑與挑剔，卻又不願意明確的說應該怎麼改進與調整。子婷面對主管的無理要求感到委屈而想離職，跟爸媽討論的時候，爸媽卻告訴她，這個公司是大家都想進的大公司，要她忍一忍就好，並說：「哪個職場不是這樣，是不是妳太草莓了？」子婷也忍不住想：「其他人都可以做下去，為什麼自己不行……」

電視劇《荼靡》裡，道盡了許多而立之年的女性面臨事業與家庭的抉擇時，究竟該如何抉擇的困難。劇中設計了女主角鄭如薇，選擇了A、B兩個不同方案的人生抉擇，也走向不同的人生旅途。方案A的鄭如薇，毅然決然地出國追求自己夢想中的生活，雖事業有成達成當初選擇的目標，卻也因誤會和距離與男朋友從此分道揚鑣；方案B的鄭如薇，為了證明自己「足夠愛」男朋友，選擇與男朋友共患難面對男友家庭的困境，與男友結婚，生下孩子，卻從此放棄了「不平凡」的夢想，也承受許多不被重視的委屈。

看這部戲時，我有許多的感觸，也想過假如自己是鄭如薇，我會做出怎麼樣的抉擇——身為新時代的女性，當然想也不想地應該要選擇方案A，要先成就了自己，勇於挑戰未知；可是，假如回到現實中現在的我，真的能夠義無反顧地放下另一半出國工作嗎？我真的無法確定……

但是，委屈真能求全嗎？

在關係裡，是否總是要吞忍許多的委屈，做出很多的妥協，總是要割捨自己的某一部分，壓抑自己的渴望與需求，才能維持關係中的和諧？

我們的傳統社會崇尚著「承受委屈」的價值，網路上流傳著：「沒有不委屈的工作」，在工作中被誤會、受委屈、忍受不合理的責罵，是必要的磨練；在愛情或家庭當中，學會忍受委屈，才能夠維持好彼此的關係，「總有一天」會海闊天空的；然而，新世代的觀點，認為要「追求自我」、「不要為了誰放棄自己的夢想與人生」。我們擺盪在這兩種新舊思維，不知道怎麼樣才是最好的選擇。

選擇委屈，就放棄了成就自己的可能，會變成了自己都不認識、不喜歡的樣子，當我都不愛自己了，另一半還會繼續愛我嗎？

選擇追求自我，我們變成了自私，為了自己不顧家庭與愛人的情誼，追求了個人的需求，也冒了另一半可能離開的風險、被冠上自我、自私的風險。

是什麼讓我們選擇了委屈？

雖然剛開始看戲時，我信誓旦旦的說，自己一定選擇出國追尋更好的事業，但若鄭如薇的抉擇真實的發生在正值適婚年齡的自己身上，我還是會很猶豫，究竟該不該為了另一半放棄自己的夢想。不論是戲劇中關於未來人生道路的衝突，存在於人與人之間的關係裡，還有價值觀、生活習慣、性格差異、家庭文化……等等造成的衝突，我們生下來就無法躲避「我們都不一樣」而造成的差異。

在觀看西方影集或電影時，你可以看見他們總是會勇敢爭取自己的需求、奮力找回自己的權益；然而，華人文化教導「和諧」的重要，於是我們努力追求著「和」，避免關係中的衝突，被教導著要去「化解」衝突才足夠有智慧，於是學會妥協、學會閃避、學會分配。

只是，這些方法讓我們習於先為他人著想，卻忘了問問自己想要什麼，甚至背負了許多不屬於自己的責任、感受到了憤怒卻為了關係的和諧而放棄為自己出聲。會感覺委屈，因為我們仍然認為這不是歸屬於自己的責任，我明明感到生氣，卻得努力克制內心想要為自己說話的衝動，壓抑憤怒，吞忍著那些不該屬於我的誤會與責備。用內心的衝突矛盾，來解決關係中的衝突矛盾。為了和諧，要「忍讓」，但卻委屈不已。

別把「忍耐」當成生存法則

我的媽媽從小就被我的外公、外婆所領養，在重男輕女的文化下，再加上媽媽又非親生的女兒，因此從小便聽我的媽媽說她小時候許多委屈的故事，長大後也時常瞧見我媽在外公、外婆家受委屈的表情。有時候我會心疼她為什麼要讓自己這麼辛苦，在外公、外婆生病的時候，總是每日任勞任怨地陪同他們去醫院看醫生、復健、住院，即便有時候外公、外婆情緒不佳，對媽媽態度很兇，但她嘴巴抱怨完，隔天還是準時到外公、外婆家報到。

有時候也會氣她為什麼總是要這麼輕視自己，忍受那些不合理的要求。後來我才懂得，那是媽媽可以從那個家庭生存下來的方式，小時候就被領養的她，努力做好每一份家務，不抱怨、不爭取自己的權益，認為唯有這樣才能避免被養父母討厭，才不會再度被「拋下」。她從小便習得了「忍耐」，也是當時的她認為自己唯一可以做的選擇——誰叫我是人家養的。

除了認為只有委屈是唯一的選擇，甚至下意識地選擇了委屈自己，我們也可能為了其他的原因選擇了委屈：認為自己的需求不重要（不論實際上是否真的不重要）、想要以退為進、認為這點委屈不足以影響自己，有其他更重要想要守護的事物、將委屈視為自己的寬容與體諒。當我們為了關係中的和諧，而放棄為自己出聲時，都一定有背後的脈絡。

付出了什麼？又擁有了什麼？

我的母親身在領養的家庭中，在委屈與忍耐中成長，甚至變成了她的人生觀。還記得小時候，我受了委屈向媽媽哭訴時，媽媽用自己的生存經驗教導我——「沒關係，要忍耐」。因此「忍受委屈」也成為了我的習慣，即便在朋友或伴侶關係中受了誤會而感覺委屈，也選擇更加努力衝破困境，也不會輕易向對方說出我的痛苦與不平。這樣的關係當然不可能長久，往往都是在我忍受了很久的委屈之後一次爆發，然後關係也跟著破裂了。

這才發現，原來我無法忍受著委屈太久，原先是害怕爭吵，不喜歡彼此關係有衝突的張力、也不習慣說明自己的在意與需要，但到最後那些負向的感受都會撲向我以及我的朋友或另一半，於是明明原本想避免衝突維護關係，最後卻讓關係破裂到難以修復。有時候也發現，我以為委屈自己是為了對方好或是為了關係好，其實是為了害怕衝突的自己，總是認為「忍一下就過了」，於是一段關係也跟著過了。

然而，善於委屈的自己，也未必總是在「忍受」委屈，可能太常與委屈的感覺共處，我也學會了在其中找到意義。尤其當我發現，選擇了委屈可以逃離暫時的衝突，也嘗試在衝突暫緩時，慢慢向對方提出自己的需要，避免了衝突，卻未必同時也要犧牲彼此的關係。

不如學會成全別人，也成全自己

承受委屈，未必完全不好。有許多研究便指出，在我們的社會當中除了暫時壓抑自己的需要，若能加以轉念，將委屈視為是一種更有建設性的想法，仍能夠維護彼此的關係。我想重要的是，不是到底要不要忍受委屈，而是在選擇了委屈自己之後，能不能夠意識自己正在「承受委屈」，並且了解自己選擇委屈的原因，清楚自己的意圖，拿回委屈的掌控權，而非將自己的選擇權全權交託給別人，委屈就能轉化為有意識的行動，而非一種無可奈何的選擇，以及一種無力的逼迫。

你，其實很好

1. 我們用內心的衝突矛盾，來解決關係中的衝突矛盾，為了和諧，我們要「忍讓」，但卻委屈不已。
2. 我們習於先為他人著想，卻忘了問問自己想要什麼。
3. 重要不是「要不要忍受委屈」，而是在選擇了委屈之後，能不能夠意識自己正在「承受委屈」。

「犧牲」與「付出」只是一線之隔

原本小如是不想生小孩的，結婚後即使身邊的長輩不時的關心，她都沒有改變決定，就在結婚五年後，有一次在閒談之中隨口問了老公：「假如不生小孩你會不會有遺憾？」沒想到他竟然點了頭。小如就想說：「好吧，五年來的觀察他應該是個好隊友，也看他很愛小孩，我覺得可以試試看生小孩。」

當年因為懷孕，小如除了得忍受孕吐還有各種不舒服，甚至因為產檢、生小孩、坐月子、照顧小孩而請假，影響了工作升遷的速度，放棄了很多夢想。可是老公卻絲毫沒考慮過為了犧牲這麼多的她。懷孕之後……老公想跟朋友去打球就跑出去了，週末也時常跑去公司加班，完全沒有考慮她一個人整天在家帶小孩，也有想一個人出去放風的時候，直到小如真的受不了跟他說：「我想要放一天假自己出去剪頭髮，順便放風一下」，他卻說她「狠心丟下小孩」……完全忽視小如這段時間的努力。

我們可能都曾為某些人、事、物做過犧牲，犧牲的當下，心裡想的往往都不是自己，放下自身的需要與想要，把自己不斷地擠壓又擠壓來滿足他人。有時當下充滿著不甘心，但受著社會觀感或是為他人著想，認為這個犧牲是不得不的決定；也有時明明是甘願犧牲，事後卻仍然感到這樣的犧牲沒有好的價值，內心覺得委屈又痛苦。

有時候我們會為「愛」而犧牲，有時候為了「情分」犧牲，有時為了「一時的寧靜」犧牲，有時為了「信念」而犧牲，我們在犧牲的當下，願意放下或是放棄自己的堅持，一定都有閃過曾經或未曾注意的思慮，然而在決定犧牲時，我們當下又想到自己多少？想過自己要什麼？又是什麼關鍵因素讓我們寧可放下自己的需要，而妥協於他人，犧牲自我？

一開始，認為這是「為他人著想」

我們都曾因為「不得不」而做出犧牲的選擇，可能是為了保存自己堅信的理念，或是為了自己所愛的人。在做出犧牲的當下，可能甘願為此犧牲，或是剛開始為他人犧牲，內心雖有不甘，但犧牲本身沒有造成太多的痛苦。但是什麼讓我們漸漸開始感覺失去自己，甚至開始感到難過、氣憤、痛苦又憂鬱？

多數的犧牲，一開始可能都源自於簡單的為他人著想，不想讓他人為難或難過，寧願先捨棄自己的利益來滿足父母、家人、伴侶的利益。看在我們是同一家人而不願計較，或因為是伴侶，覺得彼此是「一體的」而退讓一步，能夠換得整體的和諧。然而，當犧牲的某一方或是某個人，久了心中也會感到不平，雖然將彼此看作「一體」，但發現對方並非用「一體」的觀點彼此互相退讓，心中的「一體」也漸漸瓦解，想要維持「一起的和諧」，又感覺彼此分崩離析。此時，我們內心的天秤開始失衡，面對自己的犧牲不再無所謂，開始想著自己曾做出哪些犧牲與妥協，委屈與憤怒因應而生。

而且你要記著：「犧牲，會養成習慣」，我們會習慣透過擠壓自我，讓他人感覺到自己已經夠努力了，希望停止他人對自己的許多控訴。於是犧牲可能成為武器，我們想透過犧牲讓他人看見：「我真的已經很努力了」，一次又一次凌虐自己，讓自己感到痛苦，也想讓他人可以感受自己的痛苦，停止他們對自己有更多的要求與期待。

重要的是，要找回犧牲的「初衷」，當我們不平於他人沒有如自己一般的重視彼此，甚至藉由犧牲來讓他人感到罪惡，便遺失了當初犧牲的意義。當找回自己做出「犧牲」的目標，不論是為了不讓自己所愛的人為難、為了家庭的和諧，將這些犧牲當做實現自己對家庭價值的實踐，肯定自己為他人著想的舉動，才可以跳脫出憤怒與委屈。

後來，卻心懷被強加的「罪惡感」

有時，我們習慣負責、認真，是因為太想要扮演好生活中每一個角色，於是忙著應和他人的要求，做出一個個並非發自內心的舉動，犧牲自己的時間、金錢……直到犧牲了完整的自己。擔心若沒有按照伴侶的要求去做，自己便是不夠愛對方，於是捨去自己來滿足對方的期待；我們害怕只顧著追求自己的人生，會讓他人認為自己不夠為這個家努力，只為了自己而活。這些害怕不斷堆疊，變成「我不夠好」的罪惡感。

有時這些罪惡感，不僅僅是來自對自己的要求，更來自於對方的言語、態度與舉動。當伴侶在他人面前展現自己總是受委屈的一方，我們一方面因自己讓他人感到痛苦而愧疚，另一方面卻也不平於這樣的控訴——我們也有自己的需要。但當你敵不過這層層堆疊的罪惡感，而無法區分那是來自對自己扮演的角色做得「不夠好」的焦慮，還是已經漸漸認同了他人強加於身的種種罪惡，難以再全然的相信自己是否就是他人口中的「那種人」，便會揹著這些沉重的罪惡感，由罪惡感驅使著去做出一些違心的犧牲。

這些犧牲，讓我們痛苦，因為不再相信自己，認為自己做得不夠好，於是藉由犧牲來讓自己好過，也想減少他人的控訴。然而，愈是被罪惡感控制著而做出犧牲，愈會使我們內心感到委屈與不平，因為這些犧牲是帶著他人的誤解，無力去擺脫這些強加之罪，讓我們在犧牲時更感到被扭曲的自己的無辜，這樣的犧牲，無法讓人過得更開心。

想清楚，把快樂交託給自己

「犧牲」與「付出」只是一線之隔，當付出得到的回報不如預期，就會變成犧牲。然而，若由他人的評價來定義自己付出的價值，我們也將自己行為交給他人來定義，快樂與痛苦也都交由他人之手。

當察覺到自己因犧牲而感到委屈、憤怒，就該回過頭來想想當初的犧牲是為了什麼目的，而做出這樣的付出，不論是為了疼愛的家人、心愛的另一半，或是為了更加愛上自己，都要看到自己為了實踐信念而做出的付出，並為這樣的自己感到開心與肯定。

即使他人對自己的付出不放在眼裡，或是否定了我們付出的價值，也要練習堅信自己的努力是為了心中的目標，而他人的肯定與感謝，僅是付出的附加價值，而非付出的意義。

你，其實很好

1. 找回犧牲的「初衷」，當我們不平於他人沒有如自己一般的重視彼此，甚至藉由犧牲來讓他人感到罪惡，便遺失了當初犧牲的意義。
2. 「犧牲」與「付出」只是一線之隔，當付出得到的回報不如預期，就會變成犧牲。

不想被討厭，但卻討厭自己？

嘉瑜是個很擅長對自己挑三揀四的人，總是對自己的所有表現都不滿意，即使有表現突出的地方，她仍然認為那是理所當然的事，任何人都可以做得到。但同時，她也很擅長發現別人的優異之處，可以看得見別人獨有的特色，不論是相貌、個性、特質，嘉瑜總覺得別人是個有特色的人。而自己只是平庸之才，沒有特色、沒有自我，有的只是大家都會的能力。

跟這樣的自己相處久了，想當然爾就逐漸變成對自己缺乏自信。會拿著放大鏡注視每一個自己才看得見的小瑕疵，每天如三餐般仔細端詳，每天看卻又每天嫌棄。甚至開始害怕其他人發現這個瑕疵，於是開始想要躲避他人的眼光，害怕自己的真實面貌被看光光……

當他人稱讚自己的時候，內心雖然開心，但也隱隱不安地想著：「還好我把這個瑕疵隱藏得很好」，又或者認為「她真是好人，看到了我的瑕疵還覺得我很棒，一定是在客套啦！」雖然他人的稱讚可以讓自己獲得一時的快樂，卻怎麼也進不到心底，甚至得要向他人時時確認，自己在對方的心中依然很棒嗎？

稱讚變成了毒，染上了毒癮後，時時注意他人是否如同以往的稱讚自己，得了稱讚時，同時也獲得一時的快樂以及潛在的不安與罪惡感，少了稱讚便開始將自己再細細檢視一次：是否哪裡做得不夠好？哪個缺陷終究被發現了？是否被討厭了？我是否變差了？……然後更加努力的掩蓋自己的瑕疵與缺點，追求更多、更大的讚美，內心對自我的懷疑卻怎麼也消除不了。

我也是這樣的人，後來才知道，這跟生長背景有很大的關係。我的父母就像許多傳統父母一樣，經常對子女說要改變什麼樣的缺點、哪個部分要更加調整，他們藉由挑錯找到子女可以更加進步的地方，希望子女可以表現得更棒，未來生活可以過得更好。他們藉由「督促錯誤」來愛我，我感覺到的卻是我好像始終無法使他們滿意，覺得自己一直都不夠好。

於是我不知不覺地學會了爸媽的方式，在自己的身上不停挑錯，卻沒看見他們對我的愛，只是一直感覺自己不好，討厭著自己不夠好，不值得被愛著、呵護著。

別不承認，其實你害怕相信自己

從小到大，我經常害怕他人不喜歡自己，於是努力扮演好每一個角色，努力聽話當個好女兒、好學生，認真念書追求好的學業成績，即便大多數人都覺得我做得已經很好，我仍舊覺得自己永遠不夠努力、不夠認真，仍舊有好多地方做得不夠、表現得不好。每當聽見他人的稱讚，我總是收不下來，與其說我不相信他人的稱讚，其實我不相信的，是自己。

不敢去相信：「啊，我真的還算不錯」，擔心只有我覺得自己不錯，但實際上別人不這麼覺得的話，那不就很糗嗎？不就自我感覺太良好了嗎？在別人眼中會變成自戀的人吧？「自戀的人，會被討厭的」。害怕被討厭，於是更加害怕去相信「自己已經很棒了」，想著自己還是有那麼點不足，跟其他人說我很棒的地方好像只是一般般而已，我真的覺得自己還好啊……

當自己的想法與他人不同，總會下意識地認為，一定是自己眼光出了錯，不是別人眼鏡歪了看錯了，我們無法更相信自己，堅信自己看見的自己也是真實，即使那些真實擁有一些小瑕疵，仍舊不代表我們不夠好，畢竟冠軍好手也會有輸球賽的時候啊。

想要無懈可擊，卻讓自己不堪一擊

有時候，害怕任何一點瑕疵被別人發現，被挑剔時，就會覺得自己不夠好、會被討厭，還有更多需要進步的。從害怕被人討厭，到真的討厭自己總是無法達到完美，總是不夠瘦、臉不夠小，又或是自己的成績不夠高、學歷不夠美麗、工作賺的錢不夠多。追求登峰造極的同時，一山卻還有一山高，永遠有追求不完的「極致」。

更可怕的是，雖然希望自己「面面俱到」，任何一方面的一丁點缺陷都不可以有，但是用膝蓋想也知道，這怎麼可能啊！於是只能不斷挫敗，覺得自己就是不夠好才做不到「最好」，其實只是跳進了一個自己挖的坑裡，還不願爬起來。因為此時我們追求的並不是「我很棒」而是「我最棒」，想要追求無懈可擊，但卻讓自己陷在不堪一擊當中。

追求完美的同時，內心也存在著恐懼，恐懼瑕疵會破壞了其他部分完好的自己，但其實是我們拿著放大鏡看著它，端詳它的形狀怪異、顏色詭譎。有時候放下放大鏡，才發現這瑕疵它也可能小到不太有人注意到，即便注意到也不以為意；也可能它並不會如同災難化的想像般影響我們，它可能成為一個完好的點綴，讓人變得更加完整與美麗。

此外，心理學家也發現一個「仰巴腳效應（pratfall effect）」，意指比起從頭到尾完美無瑕的人，人們更喜歡那優秀的人犯一點小錯，那讓人們感覺他更平易近人，「犯錯」反而可以拉近彼此的距離，而增加對他的喜歡，而不是如同神一般遙不可及的人物。因此，犯一點小錯，有何不可？不完美，真的會被討厭嗎？

勇敢一點，給自己犯錯的勇氣

我相信即便認識了「仰巴腳效應」，內心應該仍有許多的「可是」頻繁響起，甚至不習慣可以不完美的自己。犯錯其實是需要勇氣的，要去看見自己真的有不擅長的部分，自己有無法做到的事，對相信「努力一定會有結果」的我們無疑是一種沉重的打擊。

只是，我們可以讓自己持續努力，在犯錯的羞愧感後，也要記得提起勇氣去看一看，目前的成長與可以持續努力的地方，而非一味的避免犯錯。即便被討厭了，也該看見自己可愛與值得被鼓勵之處。畢竟，當自己都不相信自己、不喜歡自己時，還有誰能夠相信你、喜歡你呢？

你，其實很好

1. 每當聽見他人的稱讚，我總是收不下來，與其說我不相信他人的稱讚，其實我不相信的，是自己。
2. 「犯錯」其實是需要勇氣的，要去看見自己真的有不擅長的部分，自己有無法做到的事。
3. 當自己都不相信自己、不喜歡自己時，還有誰能夠相信你、喜歡你呢？

為何情願被套在「好」的項圈中？

「有一次的飯後閒聊，我爸沉下臉，黯然地對我說：『唉，假如我當初堅持要你念〇〇系的話，你說不定現在就不用做這些事了，錢還會比較多』。」宇豪難過地說。

宇豪真的覺得心情很複雜，雖然爸爸說的沒有錯，現在的工作的確又辛苦，「錢途」又沒有很好，只是發現原來都已經這麼多年了，爸爸還是沒有完全接受宇豪選擇的這個科系與這個職業，自己好像離他的期望愈來愈遠了……

你是否常為了父母、伴侶、老師或是朋友的期望而拚命努力，認為自己應該要對他們的期待「使命必達」，否則便會擔心他們認為自己是不夠好的孩子，不值得交往的女／男朋友、不優秀的學生、不夠貼心的朋友……深怕一個不小心，自己就變成了「不好的人」。尤其當這些人是我們所重視、親密的人時，更會想要努力達成他的期待，也更害怕自己在他們心目中留下不好的評價。

我們努力，有時候源自於想讓自己變得更好，但有時候卻是因為「害怕」。害怕著不喜歡的結果與他人反應，為了逃離這種恐懼而努力地奔走，離害怕的人、事、物能有多遠就多遠。想像中的畫面太驚悚，感覺自己一定無法承受，光是想像著，就足以讓我們使出最大的力氣去抵抗掙脫，情願逃離當個鴕鳥，也難以有力氣去想像正面迎戰的可能。在符合他人期待的習慣下，其實我們內心存在著兩種害怕。

內心總是害怕不被重視

實際上，沒有人不想被他人認同與尊重。渴望父母可以看見自己的優點，想要被公婆看見自己在這個家中的犧牲與奉獻，希望老師或上司看見我的努力與付出……這些都是與生俱來的需要，我們想要成為他人眼中的「好孩子」、「好媳婦」、「好學生」、「好下屬」。

為了符合父母、公婆、伴侶或朋友的期待，拚命朝他們的期望努力，盡力滿足他人的期待。想要努力達成他人的期望，無疑是害怕讓這些對我們來說重要的人失望，害怕被討厭、被拒絕，進而否定自己的存在，而覺得自己就如他們所說的那樣「不好」。這樣的害怕與恐懼，卻往往讓人迷失了自己，混淆了自己與他人的期待是否相同。

怕犯錯，反而寧願為他人而活

當我們習慣順從父母的期望，鮮少理解自己對自身的期許，會逐漸對自身的選擇與需要喪失自信，認為他人的期許或許才應是正確的道路，擔心做錯了決定，走錯了路。

有時明知道他人的期許不是自己要的，但只要他們說出「我是為你好」，便開始動搖，無法再理直氣壯、信誓旦旦地認為自己可以做出最好的選擇。這樣的恐懼，讓我們放棄思考，情願跟隨他人的期望，活出他人期望的人生。

當「好孩子（可自行替換成好伴侶、好朋友、好學生、好下屬）」或「為你好」變成了套住脖子的項圈，我們便會被他人的期望拖著走，遺失自我認同與價值感，忘了他人的期望與自我期許可能不同，以為只有當滿足他人的期待，讓他人為自己套上了「好孩子」的項圈，我才是好的。

還記得有一次決定與好友安排兩人出國到新加坡自由行，機票、住宿皆已安排好，卻在出發前三天好友跟我說她家裡出了一些意外無法隨行，頓時我面臨了要單槍匹馬出國或是乾脆取消旅行的兩個選擇。

我的內心其實很想出國，那對我而言是一個重要的放風時刻，但從沒單獨出國旅行的我，一向仗勢著有朋友一起不用太用力排行程，在朋友突然說不能去的同時，我內心迴盪著「我的行程是零」、「我一個人睡在大房間好可怕，會不會有靈異事件」、「迷路怎麼辦」、「一個人怎麼玩」……各種想像中的恐懼，徵詢了身旁許多好友的意見，仍難以決定到底要不要一個人出發。

膽怯的我，一定會想著：「算了，訂金付出去當花錢消災」，但那時候憑著一股衝動，帶著朋友們的心靈支持，還是出國去了。雖然靈異事件沒有發生，但我自願坐上公車享受迷路、一個人勇闖環球影城還玩得很盡興、獨享一個人大空間的寧靜、一邊玩一邊排行程，想像中的恐懼好像比現實來的可怕得多，我才第一次感覺到：啊，現實真好！若沒有那時的衝動，賭一把去嘗試看看面對恐懼，我不會知道原來想像與現實，差距這麼大。

當努力只是為了逃離恐懼，反而無法讓人專心致志於變得更加進步，而僅只是為了逃離面對自己的脆弱與選擇的責任，陷入惡性循環當中。

他人對自己有期望不完全都是壞事，有時正因為這些期望，可以不用去煩惱自己想要怎麼樣的生活，我要成為一個怎麼樣的人，不用去擔心自己選擇的道路是否正確；有時這些期望也變成鞭策自己的力量，讓我們奮力向前，追求進步。只是若把他人與自己對自身的期望混雜在一起，便無從區別現在自己到底是為誰而活，我到底把自己的生命交託在誰的手裡。

譬如有些父母，會將自己過去未完成的夢想，託付在孩子身上，可能小時候父母家裡沒有足夠的經濟能力可以學鋼琴，便花很多的金錢與心力栽培孩子的鋼琴造詣。但若孩子沒有區分是「媽媽想讓我學鋼琴所以我才學」，還是「雖然我知道是學鋼琴是媽媽未完成的夢想，但我自己也很想學鋼琴」，便會迷失「學鋼琴的意義」，不確定彈琴對自己而言，究竟是為了媽媽，還是為了自己。

成為一個「足夠好的自己」就好了

身處在社會中，我們無法完全不管他人的評價，可是重要的是明白自己正在做些什麼，不對自己的人生說謊。在區分自己的行為是本於對自身的期望後，捫心自問「我是否有盡力」。同時，我很喜歡心理學大師 Winnicott 所說的：「You are not perfect, but you are good enough.」（註），意思是雖然我不夠完美，但我已是足夠好的人了。因此，懂得尊重自己、肯定自己、相信自己，區分自己與他人的期待，相信自己足夠好，便可以遠離被他人期待所綑綁的束縛感。

你，其實很好

1. 被他人的期望拖著走時，將遺失自我認同與價值感，忘了他人的期望與自我期許可能不同。
2. 當努力只是為了逃離恐懼，反而無法讓人專心致志於變得更加進步。
3. 惟有明白自己的行為是自己的選擇，我們才不會被他人的評價所綑綁。

註：Winnicott的原意本在形容母子關係，他認為一個「足夠好的母親（Good-enough-mother）」是心理發展重要的基礎，她能在孩子離開子宮後，繼續提供一個安全、滋養的環境。

你的人生，是誰的傀儡？

有一個小木偶，誕生於一個木匠老爺爺的手中，老爺爺慢慢地刻著小木偶的身體、細細的手臂、長長的腳，細細雕琢著他的眼睛、鼻子、嘴巴。完成了小木偶後，老爺爺非常的開心，小心翼翼地操作著小木偶的線繩，看著它坐下、走路的動作多麼的流暢，擁有栩栩如生的表情，木匠老爺爺好不得意，他有一個很棒很棒的作品。

但木匠老爺爺非常的寂寞，有一天木匠老爺爺把玩著小木偶時，突然有感而發「啊！假如你是個真的男孩就好了呀！」當天晚上，小天使降臨了，將小木偶搖身一變，變成一個會思考、有想法的小木偶。木匠爺爺希望小木偶可以認真的上學，好好學習，小木偶好開心自己可以自由的活動，但卻不喜歡上學，有一天上學途中偷偷跑去了馬戲團，結果竟然被馬戲團團長利用來賺錢……

我們都曾對自己有過期待，期待可以學會騎腳踏車，期待可以跟誰交往；也對他人擁有期待，期待父母可以支持自己，期待伴侶可以理解自己……對自己擁有期待，讓我們對自己抱持著希望；當可以達成期待時，我們會感到成就感，也會覺得自己是個有能力的人；當期待落空，會難過、會沮喪、會懷疑、會失落。我們都曾是（或正是）擁有期待的人，正因為有期待，才感覺到自己「存在的分量」。

當擁有期待，就感覺對未來擁有希望，除了自我的期許，很多時候也來自於「他人」，有時讓我們受了許多的苦。在別人面前往往得要繃緊神經，深怕自己錯估了哪一個細節，自己就可能被討厭了。特別是那些在生命中舉足輕重的人們，不論是父母、伴侶、好朋友們，他們的期待，讓我們感覺到自己在別人心中的重量，似乎也間接肯定著自己的存在是重要的。

於是努力地控制著自己，小心翼翼地猜測著他人內心的喜好。渴望被喜歡、被重視、被需要，想讓自己很重要、值得被喜愛。因為「被他人期待」的那一刻，就像一種肯定，會讓我們相信自己是有能力的、值得被信任的。

他人的「期待」，讓我們感覺自己有重量

你還記得嗎？當小時候爸爸或媽媽帶著期待的眼神，我們內心雖然有點不安也

有點緊張，但好希望可以達成他們的期望：考試可以考前三名、可以上好高中、好大學、找到薪水不錯的工作、人人認可的職業。面對這些期待，我們有時候也希望可以完成他們的願望，因為他們對我來說好重要。「若能夠達成他們的期待，他們就會感到開心」內心期盼著。

為了讓重要的他開心，漸漸把他們對自己的期待，變成自己對自己的期待，開始失去了重心、忘了自己的方向、也忘了自己是誰。我還記得在高中以前，很少是為了「想讀書」而讀書，從很小的時候就發現，我很在意爸媽的感受，當他們因為我考了滿分或第一名的時候，臉上有著自信跟笑容，我知道他們對我感到滿意，也知道他們很滿足，我因為他們的滿足感到開心，「我是個乖小孩啊！」這樣自我肯定著。

在這樣的過程當中，我以為達成父母的期待，做到「考第一名」這些他們內心的期望時，才會是「乖小孩」。反之，若考不到滿分、讓他們失望、看不到他們滿意的笑容、得不到「乖小孩」的肯定，我就是那個「不乖」的小孩了吧。

為了躲避對自己的失望、否定、甚至是罪惡感，所以更加努力的去滿足重要他人的期待，不想再看到他們失望或是憤怒的聲音、表情，也不想再經歷看見他們表情後，內心焦躁、自責、委屈的感受。當我們滿足他人的期待時，只能「暫時地」

相信自己是有價值的，並擔心害怕著一旦「無法達成期待」，就又變回了那個不夠好、不夠有能力的人。

於是，我們慢慢成為了小木偶

經歷過了馬戲團團長的欺騙利用、會把自己變成驢子賣的歡樂國、被鯨魚吞下肚的恐怖事件之後，小木偶決定要當一個聽話的孩子，仙女也讓小木偶變成了真正的男孩。男孩為了怕事情重演，認真地聽取木匠爺爺、老師的所有建議，要做有用的人、要考高分、要上好高中、好大學、做一份體面的工作、賺很多很多的錢。他聽取了鄰居叔叔的意見選了法律系，遵從了木匠所認可的女孩結了婚，按照了使用說明書生了兩個小孩……有一天男孩走在路邊，看著鏡子，明明是一個男人的模樣，卻覺得自己卻比之前更像一只小木偶……

滿足他人的期待時，帶來的是不穩定的自我價值感，我們無法因為滿足他人而真正肯定自己的能力。有名的精神分析學者Sigmund Freud，提出了「攝入（introjection）」這個心理防衛機轉，是指人們為了避免因滿足他人而無法有穩定的自我價值，並帶來緊張焦慮、罪惡感等負面情緒，所以我們會未經過咀嚼、消化，就將他人的期許兀自吞下成為了自己對自己的期待，讓他人期待的威脅感不會這麼高，但這些威脅卻不會因為防衛機轉而讓我們感覺好受。

我們仍然無法確定自己是不是一直這麼有價值，更渴望透過他人來肯定自己，然而他人肯定的效力卻是有時效性的，有時可以持續好幾個月，有時只能持續幾分鐘，有時根本很難相信他人的肯定，因為連自己都無法相信自己，只能相信著他人的評價，他人的「線控」，讓我們自願地成為了被拉來扯去的小木偶。

討厭繩索，卻又害怕脫離繩索

然而，雖然我們擁有木偶的表面，內心卻仍然是有感受的人，不喜歡總是忙著滿足他人的期待、擔心他人的感受、害怕別人對自己的看法，因為感覺疲累，想要掙脫這些讓人無法隨心所欲的繩索，卻也害怕脫離了繩索——我已經忘了沒有繩索，該如何自己活動身軀。在他人的期待中忘了自己是誰，不知道自己喜歡什麼、想要什麼，沒有繩索後就不知道自己還剩下什麼，該以怎麼樣的姿態而活，這確實是個很大的挑戰。

有一部分人，選擇勇於踏出沒有繩索的未知未來；也有一部分的人，太過害怕而選擇回到充滿安全感的繩索生活。但不論選擇哪一條路都有代價，選擇活出自己，需要面對的可能是他人永遠無法理解你的選擇，甚至會批評、諷刺你：你怎麼可以背離大家而活，大家都是這樣活在別人的想法中，你怎麼這麼不合群。但是你可以愈來愈信任自己，不需要仰賴他人的評價來認可自己的價值，可以愈來愈清楚自己的模樣，自己的需要。

選擇去滿足他人的期待，雖然有無法隨心所欲的痛苦，以及對自我價值感的不確定，但這是一條安全的道路，失敗了可以摸摸鼻子責怪別人幫我們做錯了決定，可以怪大人們騙我們考上好大學就一定可以有好的工作。不用承擔自己人生大部分的責任。你選擇了什麼，一定會有代價，好的壞的都有，不會只有好的。

必須是「自我期待」，而非概括接受

「期待」，是我們從生下來就很特別的禮物。我們因為期待受了許多的苦，要時刻小心翼翼，也因它而在乎他人如何看待自己，在乎自己是否達到他人的標準。你說，我多想擺脫這些期待，沒有它我可以活得更好。但沒有了它，我們卻覺得自己好似漂浮在這個世界當中，沒有重心，內心感到不踏實，也不知道自己的重量。

最重要的是，你是否知道你選擇了什麼。你有發現嗎？當「期待」來自我們自己，就更能夠相信自己的能力，即便無法達成期待而對自己感到失望時，仍然能將自我價值掌握在自己的手中。即使原先是他人的期待，但透過理智去思考、判斷這是否適合自己，將這個期待捏成更符合自己想要的樣子，這個期待就更能夠回到我們自己本身，而非囫圇吞棗似的概括接受，就更能夠將主控權放在自己的身上。

即便是選擇「做出符合他人期待的事物」，也要清楚知道自己是為了什麼而如此選擇，可能是一時的耳根清靜也好，也可能是經過思考與分析之後，認為他的期待有其道理而選擇遵從，都是「主動選擇」，而非「被動屈服」。

你，其實很好

1. 當我們滿足他人的期待時，只能「暫時地」相信自己是有價值的。
2. 不需要仰賴他人的評價來認可自己的價值，你可以愈來愈清楚自己的模樣、自己的需要。
3. 當「期待」來自我們自身，就更能夠相信自己的能力。

不須化妝，也是最美的你

「當退去光鮮外表，當我卸下睫毛膏、脫掉高跟鞋的腳，是否還能站得高？……假如你看見我，這樣的我，膽怯又軟弱，會閃躲。還是說，你更愛我？」

聽著蔡依林的〈I〉，錦芳總是掉淚，彷彿看見了自己的影子。擅長偽裝，變成光鮮亮麗，他人喜歡的模樣，卻愈來愈容易擔心害怕，總有一天會失去他人的目光。她擔心別人會發現真正的自己，沒有像外表裝得那樣好，便會對自己失望。

她努力地變成別人喜歡的樣子，卻愈來愈不清楚自己是誰。我開始發現：比起喜歡自己，她更擅長挑剔自己。別人總說她有完美主義，但她卻覺得那是別人沒有真正的認識自己。有著可怕的拖延症，無法快點把事情完成，時常覺得自己一事無成……

對許多女生來說，一定記得剛學會化妝時的不安與興奮，不確定完妝的自己美不美，但又對於新的面容感到新奇。在獲得家人朋友「美麗」的肯定之後，開始愈來愈習慣那個帶著妝的自己，卻漸漸的發現自己「回不去了」，對素顏（不是T-ara的素妍）不安，素顏出門也慢慢變成一種大冒險，不是要用口罩掩蓋脂粉未施的臉蛋，就是用大大的眼鏡企圖遮住素素的眉眼。

素顏的自己，可能有帶著黑眼圈、斑點、毛孔，是我們真實的模樣，有許多可以挑剔的瑕疵，不怎麼完美。還未學會化妝時，雖然對於自己素顏的樣子不怎麼滿意，但學會化妝後，卻比不曾化妝的自己更害怕素顏出門。當我們習慣用「修飾過」的面貌示人，一邊享受在別人的讚美下，其實也一邊在這樣的讚美下「否定」自己原本的樣貌——原本的自己是「不夠好」的。

我們以為僅能在看起來沒有瑕疵的妝容下，才能獲得「美」的肯定；也擔心一旦卸了妝，就不再美麗，不再能被肯定，也不再會被關注與喜愛。

遮掩瑕疵，卻更讓自己害怕

這個修飾過的面貌，就如同一個戴著面具的「假我」，不斷追求著他人的讚美，過度在乎他人對自己的評價，戴著面具讓我們拒絕看見自己真實的面貌，呈現真實的自己也會感到不安。久了，也就讓我們慢慢忘了自己是誰，長什麼樣子。而在面對真實的自己時，尤其當真實的自己要呈現在他人的面前，就變成一件極具挑戰又困難的事——我們擔心真實的自己不會被接納與喜歡。

最近因為壓力而一直長痘痘的我，特別有體悟：愈是不想要這些紅腫的痘痘被發現，就會愈想用更多的化妝品疊加在痘痘上，讓顏色不要這麼地紅，反而顯得痘痘更加明顯凸起；倒是當我沒有為了掩蓋痘痘的顏色，僅是適量地如平常的方式上妝，雖然仍看得出有痘痘，卻沒有因為過於掩飾而看起來假假的，「欲蓋彌彰」四個字，特別適用在這個情況。

自信，來自接受自己的每個樣貌

想要遮掩瑕疵，無非是為了想要被肯定與喜愛，擔心瑕疵會讓我們被討厭，於是總拿著放大鏡仔細端詳著自己的各種缺點，再一一將這些缺點掩蓋，企圖讓這些缺點不會被發現。然而過度在意這些缺點會不會被發現，變得要時時照著鏡子觀察脫妝了沒、有沒有漏餡的地方，反而讓自己一直處在擔心害怕當中，一旦別人多看了我們一眼，腦中就閃過「是否自己哪裡不對勁」的想法。遮蓋，反而會更擔心原本的自己會被發現，更加無法自在地與人相處。

當你只希望「完美、無懈可擊」時，其實也將自己放在一個最容易被動搖的位置。因為害怕他人的負面評價，讓自己可以在他人的眼中呈現完美的一面，於是努力地偽裝，擔心露出馬腳而時時注意自己的一言一行，我們花費許多的能量在「避免批評」上面。可能會因為自己的偽裝成功感到開心，但那只是個擁有有效期限的「假自信」，內心的不安卻不斷累積。我們會將這些肯定都歸因在「那是因為我戴的面具，所以才被肯定」，反而讓我們更加不確定真實的自己是否依然能夠被接納，害怕別人發現自己真實的樣貌之後反而發現原來我沒有那麼地好。於是，我們更加害怕呈現自己真實的樣子，更加無法相信自己。別人的一丁點否定，就足以讓原有的假自信潰堤。

嘗試，喜歡上素顏的自己

你有沒有試過，在一開始練習「素顏」示眾的時候，心中好不安，好擔心自己「不夠美」。素顏第一天，發現大家好像有點驚訝自己怎麼沒化妝；第二天，旁人好像比較習慣了我沒化妝的樣子，自己也比較習慣沒化妝的樣子，發現同事們仍像平常一樣一起吃飯，和好友一起討論八卦；到了不知道第幾天，不化妝不再那麼可怕，雖然黑眼圈一樣令人苦惱，面對他人關心自己臉上猖狂的痘痘依然覺得害羞，但好像也只是這樣。可以漸漸去分辨即便我長了痘痘，好友依然是好友，可以一起聊天逛街；即使我今天膚況再好，喜歡批評我的人仍然會覺得我長得很醜。不再如此仰賴他人的評價來評價自己，我們可以去分辨與選擇「好的關係」，就更可以接受真實的自己，就算有小缺陷，但仍瑕不掩瑜。

你，其實很好

1. 當習慣用「修飾過」的面貌示人，享受別人讚美的同時，其實也一邊在「否定」自己原本的樣貌。
2. 我們以為僅能在妝容下，才能獲得「美」的肯定；也擔心一旦卸了妝，就不再美。
3. 接受真實的自己，就算有小缺陷，但仍瑕不掩瑜。

思念成疾，別不允許自己悲傷

旻月還記得阿公過世的一天前，許多家人們都聚在安寧病房裡，一邊分食著醫院旁邊賣的車輪餅，一邊看著昏睡的阿公，聊著小時候的糗事。阿公來到安寧病房意味著什麼我們都清楚，只是他們用笑鬧聲來掩蓋內心的眼淚與失落。知道阿公是連營養點滴都打不進身體裡的狀況，卻只能告訴自己，也告訴阿公：「這一生辛苦了，要離開的話不用擔心我們，可以安心的走，我們會彼此互相照應。」

在阿公離去之後，旻月開始覺得要再踏進阿公家，是非常困難的一件事。從每週必定造訪，變成好幾個月才去一趟。她以為自己變得冷漠，於是跟諮商師訴說著自己的無情，卻邊說邊掉下眼淚來。

直到那時候旻月才發現，其實……她不是「不想」，是「不敢」。

你也有這樣的感覺嗎？

隨著年齡漸長，邁向人生另一階段的同時，是不是也感覺到，自己也漸漸在面對、接觸到人生中的生離死別，尤其是家人的死亡。

其實，面對親愛的家人離去，一直都不是件容易的事。以為看著他們逐漸老去，自己應當已有了相應的心理準備，但是面對死亡的悲傷卻不是這麼容易可以「準備得來」。就像直到現在，我仍記得自己在阿公過世之前心中的糾結與不捨。

好希望自己可以快點從悲傷當中復原，不要再被悲傷的情緒影響，於是讓自己排滿工作，嘗試分心，只希望時間可以過得快一些，或許我就不再如此悲傷。但矛盾的是，有時候也覺得自己變得冷血無情，不再關心與他有關的一切。

我們都不知道如何面對失落

我們以為時間可以解決一切，離得遠了或許就不再悲傷於他的離去。但當要回到類似的場景中，會下意識的逃避已發生的事實。就像是阿公對年的那一天，大家都聚在阿公家祭拜，我卻像完全忘了這件事一樣。忙了一天之後，筋疲力盡地回到家，發現這一天就這麼過了，我這才意會到，原來，逃避是這麼自動化的反應。

也因此，從未正視隱藏在失落底下的懷念、感傷與惋惜。因為從此之後，再也無法依賴他、與他互動，再也無法為他做些什麼，來表達我們對他深刻的情感。這都讓我們的失落變得無處可去。

那些不知如何收拾的想念

慢慢會發現，不敢面對那份龐大失落感的原因，有很大的一部分是因為擔憂自己會被那失落壓垮。但這個擔憂其實指出了害怕失落、會失控的恐懼。我們可以先發現自己的恐懼，也理解自己的恐懼。

從前面的段落中，你可能會注意到，我們用「否認」來迴避家人離世帶來的失落感，害怕一旦開始悲傷了就墜落谷底，難以再爬起。因為這樣的恐懼而努力控制著自己，不要想起，心情就不會有太多波動，這樣一來，自己就不會被失落所攫獲。

你發現你的恐懼了嗎？也許，我們真正害怕的是，那些不知如何收拾的想念，以及隨之而來的自責與失落。

這樣辛苦的你，先試著去理解「我仍然對他不在了感到無比悲傷」，這一點也不難堪。我們時常把悲傷想像成洪水猛獸，害怕悲傷會將自己吞噬。但其實，你只是需要給自己一點時間與空間，用你的方式好好地想念他，好好的把心中想說的話說完。不論是對他的想念，或是對他離去的憤怒與不諒解，這些悲傷，都需要有機會被你看見和聽見。

也許在痛苦中掙扎了一段時間後，還是發現：「啊，我還是這麼地想念他！」或許你需要的，不是「解決」你的悲傷，而是開始了解，其實是你不太習慣與情緒共處。當這些失落不斷接踵而來，反覆地浮現在腦海裡，感到驚慌失措其實一點都不奇怪。但我們以為失落的出現，勢必會讓所有的生活亂了套。接著就會嘗試將失落隱藏在一個看不見的角落，以為看不見了，就不存在了。

但，它還在，會在你不注意的瞬間竄起，讓你不知所措。其實，悲傷是多麼理所當然，它可能會暫時的影響你，但請你也相信，它只是想要讓你知道，你有多珍惜彼此曾有的記憶。允許它出現好嗎？讓悲傷浮現，也才有逐漸消褪的可能。

從規律的生活，找出想念的空隙

失去一個親愛的人，會讓我們感覺無力又無助，能怎麼幫助自己逐漸回到生活的軌道上？

可以從規律的生活幫助自己找到一點控制感。明天吃什麼？早上幾點鐘要起床上班？幾點要去運動？你可以給自己一個固定的日常週期，先幫助自己在生活中維持穩定，也給自己一個安全的空間與時間。或許，你也能找一個信任的朋友，讓他陪著你想念，陪著你悲傷，你便不是自己一個人面對巨大的失落。

讓自己有空間想念與思念，才能逐漸相信這些失去的失落，不會吞噬了你。你能失落，也能暫時收起失落繼續生活。

你，其實很好

1. 我們真正害怕的是，那些不知如何收拾的想念，以及隨之而來的自責與失落。
2. 讓悲傷浮現，也才有逐漸消褪的可能。
3. 讓自己有空間想念與思念，才能逐漸相信這些失去的失落，不會吞噬了你。

第二章

你愛家人，還是家人愛你？

從兒女變成父母，付出從來不等於收穫

從呱呱墜地到離世而去，人的一生當中，「親情」是一道做不完的習題。小時候仰望父母，長大後俯視兒女，我的父母以前也曾經是小孩，我的小孩以後也會成為父母，在身分的轉換當中，該如何找到屬於自己的答案？

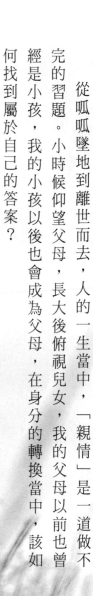

一生都在追求父母的肯定嗎？

憶筱一直以來都是家中最讓父母滿意的小孩，禮貌好、學業、學歷總是名列前茅。直到研究所畢業要出社會工作，憶筱毅然而然決定要去考空姐，讓父母勃然大怒，好不容易把憶筱培養到名校的研究所畢業，未來去當工程師前途一片光明，卻在此時想去當「空中服務員」！

但對憶筱來說，卻是想了很久的決定，她知道以前的自己聽話有禮、努力念書，都只是因為「這樣能讓爸媽開心」，剛好讀書對她來說也不太難，於是就這樣按照著父母的期望，選擇了好像前途看好的科技業相關科系。只是研究所畢業之後，她覺得已經達成父母內心的期望了，現在想為自己而活，才決定跨行去做想做的事。只是面對父母龐大的反對力道，甚至揚言要把她趕出家門，憶筱很難過也很痛心，猶豫該不該放棄自己想做的事……

「你真是乖小孩」，是我們從小時候就聽到大的讚美，只要做出符合大人期待、符合「小孩」這個角色的事情的時候，「乖」就是最常接觸到的稱讚。

「乖」具有一種神奇的魔力，在還懵懵懂懂之時，尚未搞清楚「乖」是什麼，但因為聽到一聲「乖」，看到爸媽、長輩開心愉悅的表情隨之而來，大家點著頭肯定的模樣、和悅穩定的氣氛，讓我們感覺「乖」這個詞，應該就是個好東西。

然後小時候的我們開始知道當他們表達出乖、好、不錯，或是他們出現放鬆開心的表情，也會讓我們感覺可以開心與安全。然後漸漸了解，原來「好」、「不錯」是一種肯定，可藉由他人的認可來肯定自身的優點，認為自己是不錯的小孩。

其實這一切，從小就開始了

這些肯定有時候是重要的，能使人學會一定的行為規範，可以讓小時候的我們維持生理上的安全。譬如碰插座的時候可能會聽到長輩的尖叫聲，也可能會被嚴厲地訓斥與警告，這些高頻又大聲的叫喊或責罵，會讓我們驚嚇、恐怖、不知所措，並把這些當作「不安全」的訊號，可能還不知道為什麼不能碰插座，就已經可以愈來愈敏銳的感受到他們尖叫或責備前的「前訊號」，或許是皺起眉頭、手叉上了腰，就知道那個「不安全」的訊號又要來了，進而引發恐懼、焦慮。

小時候的我們，缺乏判斷生理上安全與不安全的能力，需要仰賴父母以及周遭大人，來練習趨近安全，遠離危險。

但若這些肯定，夾雜了父母個人未滿足的需求與遺憾，他們藉由肯定與稱讚（甚至是情緒），讓孩子可以聽話、順從父母的需要，這些稱讚與情緒變成了控制的手段，讓身為孩子的我們為了尋求父母的開心、害怕不再被父母喜愛、尋求家庭的和諧，而做出符合父母需要的舉動，也逐漸習慣滿足他人需要的生活，仰賴他人的判斷來決定這件事情能不能做，然後習慣忽略自己的想法，認為自己的需要不那麼重要，然後發現生活內充斥著他人的需要，努力配合著所有人，唯獨不記得自己是誰、想要什麼。

習於去偵測父母的需求與期待，擔心著不再被愛而隱藏內心的渴望與需求，努力地迎合著父母的需要，因為相信著，唯有這樣才能夠被愛，只有這樣父母才會認可自己，覺得自己不錯。於是開始戴上了面具，讓父母看見他們想要看見的自己，那個聽話、順從、令雙親讚不絕口的孩子，不敢以自己的真面目示人。

不敢脫下面具的我們，也漸漸無法相信自己，活在他人口中的「好」與「不好」當中，人生中擺了許多的「應該」，認為自己「做了什麼事」、「成為怎麼樣的人」，才能夠被認同與喜愛。在家庭中，被父母的評價給綁架；走出家庭，便會被朋友的期許綁架、被上司評價綁架、被另一半的需要綁架。在家裡到其他所有的人與人的關係中，相信只有「按照他人想要的做」，才能夠證明我是「好的」朋友、「好的」工作者、「好的」伴侶，這都源自小時從家庭當中學會：得要成為他們眼中的「好」，才可以被重視被愛，而把自己的價值擺放在他人的評價當中。

然而，當他人的標準沒有標準

可惜的是，人的想法總是容易受心情、遭遇的人事物而有所改變。父母的評價也可能因狀況不同而有所改變，可能今天早上爸媽說：「你為什麼都不聽話？很叛逆欸你」，希望你可以放棄自己的想法聽從他們的意見與決定，晚上他們卻罵著：「你為什麼都不會自己想，你以後想要做什麼？人家說什麼你就做什麼？」要我們擁有自己的想法與決定。

假若因為父母認為我堅持自己的想法而認為我「叛逆」，而感覺自己就是那個不好的小孩，所以放棄擁有自己的想法與感受，接著再收到父母對自己沒有想法的責備，將永遠沒有一個穩定可依循的道路，來確認自己這麼做一定可以獲得「乖乖標章」，只有一直徵詢父母「此刻的期待與希望」，最好成為他們肚子裡的蛔蟲，才能夠確定自己「安全」，不會被責備會烙下「不乖烙印」。

我們努力的想要獲得「乖乖標章」，避免「不乖烙印」，但乖乖標章有時效性，不乖烙印卻刻在身上，要不停的賺得乖乖標章貼在身上，擔心「不乖」一烙在身上就再也無法消除，所以小心翼翼的觀察父母表情舉動的蛛絲馬跡，就害怕一不小心做錯了判斷，烙印隨之而來。

漸漸的，生活中的關注，只剩下「乖」與「不乖」的評價，而不是自己真實的模樣。我們把父母眼中的自己，當作是自己的價值，愈來愈難以相信：「即使我以原本的樣貌表現自己，我仍然是個值得被愛的孩子」。

時時處在「可能會被認為不乖」的擔憂當中，不知道這一刻被稱為「乖」的舉動，下一刻是否還屬於「乖」的範疇，因為持續感覺到威脅，無法有安全感。尤其有許多父母都曾沿襲過去傳統威脅小孩的說法：「你再這樣我們就不要你了」，甚至將不聽話的小孩直接丟出家門，這些言語及行動皆悄悄地刻印在孩子的潛意識中，害怕做出不符合期待的行為時，就會被放棄或是丟下，害怕自己不聽話便不再被愛，為了保護自己，讓自己可以繼續的被愛、能歸屬在家庭中的一員，於是壓抑了自我的想望。

然而這樣的壓抑，無法讓人真正獲得安全感，也無法相信自己「本來就」屬於家庭，被丟棄的恐懼感驅使我們隱藏內心的想法，並告訴自己「我的需要不重要」，與他人有衝突的時候，率先放棄的就是自己的需要。這樣的放棄，並非本於自我理智思考過後的判斷，而是反射性的就決定放棄，事後再感到委屈，甚至已對放棄自我需求的感受感到麻木。

一起戒了「尋求肯定」的癮吧！

由於習慣順從父母，只有了解他們的需要並獲得肯定，確定自己有達到他們的要求時才會有安全感。這樣的「行為癌」會侵襲所有的人際關係，不論是人際相處、情感關係、工作場域，都會不斷的想了解他人的需要、尋求他人的肯定。有趣的是，往往習慣順從他人的人，特別容易吸引那些想要支配他人的人，於是順從的行為癌加速讓我們病入膏肓。

父母的需要與自己的需要，並非是非黑即白的兩難抉擇，而是我們透過思考雙方的考量與立場，判斷抉擇過後的結果自己是否願意選擇承受，試著表達自己的需求與評估，讓我們在父母的期待與自己的需求上取得平衡。若是天秤失了衡，把父母的感受與需求放得比自己還要重要，我們便會落入不安與失去自我的負向循環。

要從惡性循環當中跳脫出來，首先必須開始練習聽見自己的聲音。唯有時時去注意自我的感受，除了去偵測他人的需要，同時也問問自己想要什麼、需要什麼，才有機會去將自己的需要與父母的需要擺在天秤的兩端，再做出思考與判斷。

千萬記住，不是要你「不聽話」

有許多人會擔心，當我不要去管父母的肯定與否，會不會變得太過自我？自以為所有決定都是對的、好的，會不會太自我感覺良好？其實，開始跳脫出「他人評價」的框架，是一場值得挑戰的冒險，可能一開始會無所適從，不確定自己的想法夠不夠客觀，但這是一個不由評價來決定自己價值的挑戰。

尤其長大後，雖然比起父母經歷的少，但我們可能擁有更多的知識水平，更豐富的訊息管道，我們的考量與感受未必會比父母的想法來的不周延。長大了，會思考也開始練習做出抉擇，不再需要仰賴父母給出的訊號來「避險」。可能按照自己的想法去做會犯錯，但那會變成下一次做出選擇的養分。

不要仰賴父母的肯定，不意味著要為反對而反對，而是透過一次次的練習，看見父母的期望和自己的需要，衡量每一個抉擇可能要付出的代價是什麼，在做出每一個選擇時，能夠理解自己是如何做出這樣的決定，並願意承受可能附加的代價。即便這個選擇可能是跟隨父母的意見，也是先透過了自己的思考與抉擇，不再是只是「順從」而是「選擇」。在一次次的練習選擇、承擔代價中，才能夠漸漸拾回對自己的信任，相信自我價值可以由自己來決定。

你，其實很好

1. 別把父母眼中的自己，當作是自己的價值。
2. 要從惡性循環當中跳脫出來，首先必須開始練習聽見自己的聲音。
3. 透過一次次的練習，看見父母的期望和自己的需要。

天下有不是的父母

妮娜還記得小學時候，在某次回家作業詢問媽媽知道了她的職業是「會計」，每個月總會有那麼幾天帶著厚厚的一疊資料回家加班，動作看起來麻利又迅速，認為媽媽一定是公司裡很重要的會計！跟同學聊到父母的工作，她非常自豪地告訴同學：「我媽媽是超厲害的公司會計，公司很仰賴她，算帳什麼的都難不倒她！」那時的她對母親充滿著佩服與景仰。

長大之後對媽媽的職業愈來愈認識，妮娜才漸漸發現，媽媽好像跟小時候想像的有這麼一丁點的落差——她的確是很不錯的會計，但其實神經大條，因此家裡的帳全都是由不是會計專業的爸爸在操刀且井井有條。妮娜對母親膨脹的幻想，也慢慢調整成現實的模樣，可能有些幻滅，但也更實際的認識了真實的媽媽……

小時候，總是對父母抱持著崇拜的眼光，覺得爸爸、媽媽應該是世界上最厲害的人，什麼都會。我們的世界圍繞著父母，他們是世界的管理者、是天，擁有世界上最棒的能力，所以可以管理我們。做錯事的時候，爸媽會管教我們，教導做人做事的方法；表現優異時，父母獎勵我們的好。我們認定自己表現的好與不好，取自於父母如何看待我們的行為。

長大之後，我們拓展了生活與世界，也開始擁有了自己的想法，不再完全認同父母所有的行為舉動或想法。但想要表達自己的見解時，仍會對「擁有想法」這件事情不是那麼的確定——「我這樣想是對的嗎？」同時也渴望父母聆聽與認同自己，希望「自己的想法」是被尊重與重視的，依然將父母視為內心重要的堡壘。

發現父母並非完美，是長大的一部分

小時候的眼睛裡，父母會做許多我們不會的事情，能把壞掉的玩具修好，可以買我們喜歡的玩具，教我們認識這個世界許多新奇的事物，我們以為爸媽是超人，什麼都可以辦得到，他們的想法意見應該是正確的，他們的能力應該是很棒的。

等長大了，用「長大後的眼睛」去看父母，就會發現父母跟當初的想像真的不太一樣。就如同還是學生的我，總是覺得老師很厲害，會很多東西所以才能站在台上教書，教導我們很多的事物。但長大自己當了老師之後，我才發現每一天都是學習，不會的事情仍比會的事情多很多，成為了小時候心目中「很厲害」的老師之後，才知道小時候都是我的想像，我是會生氣的老師、有時候學生問的問題，仍需要翻更多書去找答案的老師、我也是會偷懶、賴床的老師。

對父母來說也是一樣，他們只是比我們年長的大人，我們卻以為他們無所不能，並開始對他們的「不能」感到無法理解：為什麼你要莫名其妙的生氣？我跟同學出去玩到底有什麼不對？為什麼你不能理解我的想法，總是要我做那些我不喜歡的事情？為什麼要為我成績好不好情緒失控？突然發現他們做不到我們認為「父母應該要做得到」的事情，所以憤怒、困惑、失望……那個完美的父母在我們的世界慢慢崩解，以為別人的父母還好好的，而自己的父母壞掉了。

母愛從來不是內建的APP

當開始意識到父母不如想像的那樣「完美」後，就會對他們的自私感到失望，會為他們嘴巴說著「為我好」卻只是「為自己好」感到憤怒，會對他們的不公平感到委屈又憤恨。可是一想到「天下無不是的父母」時，就無法完全確認自己所感受到的是否合理。我們努力去理解父母的困境與困難，寬恕父母對我們的傷害，但卻也忘了內心的憤怒與失望仍然讓自己感到難受。

尤其當我們試圖對父母的表達失望與憤怒，拋出與父母想法相悖的需求時，「百行孝為先」就成了父母的武器。違背父母的想法，便需要扛著「不孝子」的罪名，道德標準取決於是否按照父母的想法與需求，親子間只剩下倫理與位階，卻少了人與人間的尊重與理解，親子間的關愛與情感也漸漸被倫常道德磨損成責任與義務。

對父母，我們也在心中悄悄描繪著他們「應該」的樣貌，以為「母愛」應是父母已內建的APP，有了孩子就自動開啟與執行。

其實，每個父母都帶著自己從小至今的獨特經歷成為現在的模樣，可能是在手足中總是受忽略的，可能他們從小也被教育著「孝順」就是要完全聽從父母，也可能他們很少感受到父母的愛。或許在上帝創造生物時內建了母愛的本能，然而人是一種觀察學習的動物，很多的父母往往是以上一代如何照顧與對待自己，來照顧自己的下一代，一個不曾好好傾聽與理解的人，是不知道如何去同理他人的。

當「你的孩子不是你的孩子」

傳統的「骨肉」想法，認為孩子是父母的延伸、是香火、是傳承著家族的希望與種子。但若父母將自身無法滿足的願望加諸在孩子身上，便忽略了孩子的需求與渴望。將孩子當作自己的「附屬品」，企圖摘取孩子的主體性，剝奪他的思考與感受，成為自己的傀儡。

父母若想讓孩子補償自己內心的遺憾，他們在乎的將不再是孩子對未來的期盼，孩子的需求與感受，只能看見曾經的惋惜與錯過，希望藉由孩子來達到自己內心的夢想。然而，父母的夢想只是父母的夢想，並不屬於孩子，身為孩子的我們，得先去區分父母與自己的理想，二者可以有所不同，沒有誰的「比較好」。

當父母僅從自己的角度出發，忽略了去傾聽及理解身為孩子的我們的需要，又以「都是為你好」、「我是因為愛你才這樣做」讓我們以為違背父母是錯誤的，自己是不孝的。逐漸混淆了「愛」的意義，究竟是失去自我以達到父母的期望，還是愛本是一種無所求的內心感受。

試圖表達出自己的聲音，卻發覺出現聲音竟是一種忤逆，在「愛」與「孝」的框架下讓我們動彈不得，期待滿足自己的需要，卻又對自己的需要感到罪惡，我們以為愛就是這麼的矛盾與痛苦，沒有選擇權地得要捨棄自己的自主權才能表現愛與孝，在勉強的愛與孝裡失去自己，也忘了去理解與傾聽自己。我們得割去自己的心，才不會感到矛盾與痛苦；得要用力地保護自己，否則害怕自己隨時被拋下與不被愛。不由得感到困惑，愛，為何讓人痛苦？

你，其實很好

1. 每個父母都帶著自己從小至今的獨特經歷成為現在的模樣，並非萬能。
2. 想像中，父母理應懂得如何愛我們，其實往往他們需要「曾被好好的尊重與理解」。
3. 身為孩子的我們，得先去區分父母與自己的理想，二者可以有所不同，沒有誰的「比較好」。

「加法人生」到「減法人生」

當承恩還在學校時，在一次家長座談會中，校長分享了一個讓承恩印象深刻的故事。他說：小孩剛出生，過的是「加法」人生，他會喝奶了、自己會扶奶瓶了、會說爸爸媽媽、長牙了、會坐會爬了……從什麼都不會的零分，只要進步一分都讓父母手舞足蹈，興奮不已。

漸漸長大後，學會寫字、算術是應該的、這題為什麼會錯、捉弄同學、為什麼只有八十分，父母看到的開始都是扣分，且至少要及格吧！從此我們的人生從加法人生變成了減法人生，從一百分開始往下扣……

聽到這個故事時，我自己也恍然大悟！對啊，我們是多麼欣賞小嬰兒的每一個小小的成長，但怎麼孩子一上學之後，我們在乎更多的是他犯了多少錯、離一百分扣了幾分，而不是從零分增加了幾分。從讚嘆成長到責備缺失，除了把眼光從放在自己學會的，挪至自己的錯誤，從看見長大到注視缺點的落差感也讓我們難以適應。

當開始把關注放在缺失而非成長上時，就容易陷入完美主義，一一細數著自己有哪些部分沒有達到標準，哪些部分無法「完美無缺」，甚至會因為無法毫無瑕疵而感到自責，用言語、行動來鞭打自己。我們內化了師長對缺失的關注，以為唯有「不犯錯」才不會被指正與責備，覺得只有「沒犯錯」才是夠好的小孩，開始努力地避免犯錯，對自己的每個表現總是會用高標準檢視，沒有達到「最好」是不會輕易放過自己的，雖然看到不斷的成長很開心，卻也覺得永遠都不夠好。

從「不斷成長」到「不斷犯錯」

如果習慣用減法來看待自己，每一次他人對自身缺點或錯誤的提醒都是一種煎熬，除了要解決錯誤之外，還要再去面對「我不夠好」的壓力與自責，畏懼他人的眼光，害怕錯誤會被發現，忙著將自己藏起來而躲避。每一次因犯錯而來的羞愧、自責，都讓我們花許多心思閃避犯錯。閃避不及便會像鴕鳥一般難以正視自己的錯誤，卻逃不過內心的譴責。

然而，減法人生與加法人生卻只是一線之隔，就像看待一杯半滿的水，究竟是要看它是「只剩半杯水」還是「還有半杯水」，只是視角的不同罷了。面對犯錯，也可以視它為「成長的機會」還是將犯錯當作「我是不夠好的人」的驗證。改變視框之前，必須先看見自己一開始是怎麼需要用「不斷看見缺陷」來生活。可能是為了獲得父母的關注，為了避免他人懷疑自己的能力與價值，想要被別人重視與看得起……先找回自己的初衷，重新決定是否要繼續以這樣的生活方式活下去的。

一起為自己撕去「糟糕」標籤

重新檢視「犯錯」這件事卻是必要的，我們以為只要不犯錯，就會變得更好、更有價值、人生可以過得更順遂。仔細想想，這些念頭都過於理想化，就像同樣的半杯水，就能有兩種不同的觀點，任何的人事物，只要時空環境不同了便會有正反兩面不同的意義。譬如：做事細心注意小細節，肯定可以幫助我們在工作上降低出錯率，但也可能因為關注小細節，反而忽略整體的展現與平衡，同時也需要耗費較多的心神與時間達到細心的效果，一旦有需要快速完成的事物，細心就可能變成影響效率的絆腳石。

每個人都可能會犯錯，往往卡住我們的不是「犯錯」本身，而是犯錯後的自我批評與貶低，讓我們恐懼犯錯。每當犯錯，立刻快速又自動地為自己貼上一個「糟糕」標籤，當「糟糕」的標籤愈貼愈多，便愈來愈無法相信自己是有價值的人，一邊忙著忽略自己身上的標籤，另一邊卻努力逃避著下一張可能貼上來的標籤。

我們以為不要讓糟糕積累的方法，是別讓糟糕標籤再上身，卻忘了也可以為自己撕除標籤，並為自己貼上「認真」、「努力」……等標籤。讓自己成為一個主動者，可能會因犯錯而有了糟糕的標籤，但也有能力為自己撕除標籤，甚至為自己貼上正面的標籤時，糟糕標籤就不再那麼恐怖，它不會如影隨形，而是可以透過努力來撕除。甚至在每一次面對失敗與挫折時，可以不急於為自己貼上糟糕的標籤，而是看見自己擁有什麼加法力量面對與解決困境，更為自己貼上「有勇氣」、「有想法」的標籤。

希望父母改變，先學會善待自己

也許很難馬上改變父母用減法思維來看待自己，但若沒有經過自己的思考與判斷，無意中將這些減法概念套用在自己身上時，我們便會被自責的情緒掩埋，始終覺得自己不是足夠好的小孩。只要明白減法人生與加法人生同是一種看待生活的方式，與其選擇在自責當中生活，更可以選擇在自信當中成長，找到自我的價值。

練習用加法來面對自己的轉變與成長，便能在父母的眼光關注在減法時，適時提醒爸媽也要同時看見自己的努力與進步。當我們能夠以平衡的視框面對自身的優點與缺點，才能讓父母知道，在追求成長之餘，也想要被他們看見自己的價值，也想要獲得他們的認同與肯定。

你，其實很好

1. 面對犯錯，也可以視它為「成長的機會」還是將犯錯當作「我是不夠好的人」的驗證？
2. 當學會用減法來看待自己，每一次他人對我們缺點的提醒都是一種煎熬。
3. 成為一個主動者，可能會因犯錯而為自己貼上了糟糕的標籤，但也有能力為自己撕除標籤。

從窒息的父母情緒中，破繭而出

從小，安儀就很不喜歡對媽媽表達自己的想法與意見，因為不論溫和的說、還是小心的說，只要一說，媽媽馬上就會有很大的情緒反應。尤其安儀不同意她的說法與做法的時候，她更是會對安儀說很多難聽的話，包括不孝、養這個女兒沒有用。媽媽時常都會把「我真是命苦」……掛在嘴上，安儀也不知道該如何是好。

有一次媽媽去安儀家看剛出生兩個月的孫子，安儀說先去洗手再來抱小孩吧！媽媽就開始跳針，一下說安儀嫌她髒，一下說安儀一點都不尊敬長輩。真的是又委屈又無奈……

從小到大，時常在自己身邊與路上聽見父母對孩子說：「你再這樣，我就不要你了！」這些小時候耳熟能詳的話語，在我成為了心理師之後，才突然發現這些話語對孩子來說是多有傷害性的一句話。曾經我也對父母有許多的怨懟，覺得他們怎麼不能好好地跟孩子說話，在我因為考試考不好很沮喪的時候，還要指責我不夠認真也不夠用功；在我興奮地跟他們分享我被選上小隊長的時候，卻對我說那是浪費時間的事，根本沒有用；他們要我不要一天到晚跟同學聊天，不需要交這麼多的朋友，因為長大這些朋友也不一定會聯絡。

他們對我說的話，有時讓我沮喪，有時感到被潑了冷水，甚至有時我完全無法理解與認同他們的想法，慶幸的是我應該不是一個「太聽話」的小孩，雖不會與父母硬碰硬，但也不接受他們的想法與觀念。上了大學、唸了研究所之後，我一直在研究著要怎麼當「好父母」，卻也因為研究如何當一個好爸媽，開啟了解爸媽之路，讓我從中看見了父母對我造成的影響。

長大後，才知道有不同的父母

不停被數落的孩子，會以為真的是自己的錯，是自己讓對方失望、破壞了父母之間的感情。父母的指責與威脅，或許能對孩子起到威嚇作用，但孩子耳朵聽到的，卻只是：「你要聽話，否則我就會拋棄你」。假若小時候的我們，學習到只有聽話才能存活下來，唯有按照大人的喜好去做才能被稱讚與接納，將漸漸放棄自己的需要，以為自己的需要不重要。

隨著我們長大，開始進入學校、交了朋友之後，彼此分享各自的家庭、父母、手足的相處，突然發現原來大家都過著不太一樣的家庭生活。原來不是所有的爸爸都嚴格要求寫字要工整，也不是所有的媽媽每天都會下廚準備晚餐，我們拓展了眼界，開始認識除了自己家庭以外不一樣的世界。發現了不同之後，開始發覺自己「可以」有不同的選擇，開始不認同爸媽的舉止，也開始追求自己想要被對待的方式。

有時羨慕別人家常常都可以吃到餐廳多樣的飯菜，而不只是媽媽煮的東西，有時天真的希望爸爸可以變得跟鄰居爸爸一樣溫和。我們開始懂得，原來每一個人、每個家庭，有跟自己家相似的地方，卻也有很不一樣的地方。

別怕，他們難免覺得你「翅膀硬了」

然後，認識到自己比較喜歡誰家的溫柔媽媽，比較害怕誰家看起來很嚴肅的爸爸。隨著我們長大，也發展出自己的喜好，不再像爸爸、媽媽的小粉絲，把父母的喜好當作自己的喜好，不再因為爸爸喜歡吃花生就跟著覺得花生比較好吃，但有時也不免會懷疑自己——是不是我的味覺很奇怪，所以才不喜歡花生呢？也開始困惑：與爸爸、媽媽意見不同的我，是不是有點奇怪呢？

當開始擁有了自己的想法與感受，不再全然認同父母，假若父母無法將子女視為與自己不同的獨立個體，便可能不認同子女的「不同」。尤其當父母在生活中因為他人不接納自己的意見，而懷疑自己的想法時，便更可能會回頭用情緒勒索的方式逼迫子女，讓子女接受自己的想法感受才是「對」的，進而感到被認同。

本來就對自己不太有信心的人，容易因為父母的態度、想法，甚至受到情緒勒索的影響，進而不太敢相信自己與父母擁有不同的想法與需求是「正常的」。

在孩子開始練習表達與堅持自己的想法之後，一時還無法接受孩子長大了的父母，很容易用「翅膀硬了，話都不聽了」來責備小孩，可能擔心孩子走錯了路卻使不上力而憤怒，也可能因為孩子不再受到自己的影響而感到失落，但身為孩子的我們，若以為父母無力的憤怒與看見孩子漸漸飛遠失落，是孩子得要背負的責任，可能就會忙著讓父母不憤怒、不失落，卻忘了自己的「初衷」。

請相信，爸媽可以處理自己的情緒

如果我們擁有與父母不同的想法意見，卻又把父母的情緒當作自己的責任，其實也是不相信父母足夠成熟能夠處理自己的情緒。不相信父母只是需要一些時間，去承認我們漸漸長大。事實上，許多的父母在開始面對孩子長大了後，會思考自己的人生，多數都會感到失落，覺得自己的意見不再對孩子的決定有這麼大的影響力，而浮現各種不同的情緒。

與其把雙親的情緒當作自己的責任，努力避免讓他們生氣或失望，卻讓自己戰戰兢兢，逐漸失去想法；不如將父母的情緒，當作是「選我所愛」的代價，這些情緒的出現是一種必然。反問自己：我願不願意為堅持我的想法、感受與人生，付出父母可能有一些情緒波動的代價呢？我願不願意相信父母可能暫時會有一些情緒波動，但他們足夠成熟去處理呢？我夠不夠相信自己承受得起父母情緒這個代價呢？

當你願意開始相信自己，因為與父母生在不同的時代、有了不同的經歷、碰見不同的人事物，所以與父母有不同的想法感受是正常的，比較不會因為父母的情緒或是不認同而影響自己，甚至放棄相信自己的想法與感受。可能我們會走錯路，也或許無法預測未來可能的發展，但卻可以知道自己正在「走自己的路」。不被爸媽的情緒綁架，也能夠分辨當彼此意見與想法不同時，其實只是彼此的需要不同罷了，當「選擇」順從父母的需要，也比較能夠感覺舒適。

說出口吧！不再逃避表達需求

我的爸媽對小孩的安全是相當重視的，還記得有一次國中補習完，我以為爸媽會如以往的外出不會這麼早回家，我就在下課後跑到了同學家去玩。當時還沒有手機，只知道同學接到了家裡電話說我的爸媽在找我，我才匆匆忙忙地跑回家，發現爸媽竟然還焦急地報了警。

為什麼我不先跟爸媽說呢？其實當時的我最害怕的就是爸媽會拒絕我的要求，然後對此生氣，所以寧願「抓機會偷跑」，也不願意直接表達想去同學家的需求。直到大學，我偶爾還是會「偷跑」不想直接回家，當然也被報過幾次的警。

直到現在，我雖已過而立之年，我還是有門禁的！只是我開始練習看見我的需要，以及父母的需要，而不只是擔心他們生氣與拒絕。我較能夠同時重視彼此的需求。現在，我「選擇」準時回家，是因為我「不想」讓他們為我擔心，總是在客廳等門等到我回家才安心去睡覺；而當我有與朋友聚會或旅行的「需要」時，也比較敢直接表達我要比較晚回家，也較少因表達需求而有做錯事的罪惡感。也因此我才與爸媽的距離漸漸靠近，不再為了防堵他們的情緒淹沒了我，而遠離他們。

儲備勇氣，面對後續的他人反應

雖然常常對父母、自己的要求不滿意，但會為了免去父母的責罵與不停地碎念，一次次放棄自己的需要，選擇「看起來」比較輕鬆的道路，卻不知道習慣性地放棄自己的需要，讓我們時常認為自己的需要是不重要的，影響了與他人相處的方式，甚至有時也帶來了危險。

學習要從父母的情緒破繭而出，要有「改變」與「相信自己」的勇氣。改變並不容易，當你習慣處在一個環境當中，即使那個環境再讓人疲憊，也會因為對不同環境的不安而卻步。所以時常可以看見許多人，嘴上雖時常抱怨自己的伴侶多不貼心、多沒上進心、個性有多不好，但若真的要他離開這個讓他不開心的對象，又會冒出許多的「可是」。告訴我們離開這個人有多麼的困難，或是這個人也不是那麼差，可見「要改變」真的不是那麼的容易，往往需要跨越許多自己內心設立的圍籬。

同時也可以感受到，「抱怨」讓人可以持續對現狀不滿，可以責怪他人不好，舉例來說，感情中若是另一半讓自己感到壓抑，可以持續對另一半憤怒，也可以為自己感到委屈，但又不用付起改變的責任與代價。若選擇「改變」關係狀態決定分手，可能需要忍受分手後的孤獨，或面對分手後，對方的情緒浪潮。

「改變」需要明白可能需要付出怎麼樣的後果，而這個後果是不是我可以承受？「不改變」的後果又是什麼？我又是否可以接受不改變的代價？不論改變與不改變，當開始為自己的選擇負責，要勇氣去承認，我因為不願承擔起另一個選擇的代價，所以選擇這個，現在感覺再差，其實也是我衡量之後比較能夠承擔的後果。

一起努力，把握四大原則

一、學會釐清彼此情緒與需求的界線

有些父母習慣要讓他人為自己的情緒負責，因為他們總以為只有他人改變，自己波動的情緒才可能緩和。他們缺乏自己處理情緒的成功經驗，也不知道如何去調適自身的情緒，就像需要透過媽媽安撫才能和緩下來的小嬰孩。

若是我們一味順應著父母內心未長大的嬰孩的需要，那嬰孩永遠不會發現，其實自己早已長成可以承受情緒的大人，他會發現有情緒是正常的，而他也有能力可以安撫自己，不需那麼百分之百的仰賴他人，才能讓自己舒服與好過。

有些父母可能沒有需要我們去幫忙緩和他的情緒，但在看見父母生氣時，我們會有一連串很可怕的想像，那些災難化的想像讓我們難以用理性的眼光來看待事情

的狀況，反而會陷在自己的情緒當中，不是做出符合他人要求的行為，就是也升起情緒與對方衝撞。當我們開始意識到自己容易因為他人的情緒而慌張而害怕，也比較能夠練習在被勾起情緒時找到一些方式慢慢調整自己的情緒狀態，也就不容易被他人的情緒所勾動。而能夠做到這樣，最重要的便是：練習看重自己的需要。

二、從傾聽與理解自己開始

當打算開始練習看重自己的需要，便開啟了傾聽與理解自己的旅程。練習聆聽、相信自己的需要，才不會輕易被他人的想法感受影響，在與他人想法感受不同的時候，也練習表達自己是「如何思考」的，讓他人也能有機會理解我們的需要。

尤其在與父母的互動當中，容易因為父母的權力地位高於我們，而以為只有「順從」一個選項。當我們已經漸漸懂得自己怎麼會有這樣的需求時，當然能夠表達自身的思考與感受，這些表達不是為了「反抗」、「對立」，而是相信對方是懂得聆聽的大人，我們都有彼此的需要，怎麼在需要不同時，調整到彼此都舒服的狀態。

清楚表達立場與需求，只是一個溝通的歷程，才能漸漸去辨別父母傳達的想法與需求，究竟是「愛」的舉動，還是僅只是父母尚無法處理的不安而已。當然有時候我們還是會用自己「習慣」的方式面對父母的情緒，那就像是一個自動化的歷程，即使不小心又走回老路時，也不會太過責備自己，我們可以想著——下一次，我可以多為自己做些什麼。

三、看見內心那個仍然受傷的小孩

父母過去的一些情緒或行為曾讓我們受傷，雖然長大後，漸漸開始嘗試理解父母的成長歷程與處境，但卻不代表我們的傷痛不在，也不代表不會再感到受傷。內心存在著這麼一個曾受傷的內在小孩，記得偶爾安慰他、安撫他、抱抱他，接納那個曾經為了討好而委屈求全的小孩。他渴望父母的愛與接納，因為當年的他還太小，不知道該如何保護自己，如何表達自己，以為只有小心翼翼的面對父母的情緒才能夠持續被愛。

雖然我們長大了，可能那個受傷的小孩還在。記得安慰內心受傷的孩子：「不管如何，我都在」，唯有我們可以陪伴自己，讓內在那個受傷的小孩知道他並不孤單，而我們也已經長大，知道怎麼保護自己了。

四、跳脫傳統價值的綑綁

傳統價值的傳遞，滲透了我們的生活與價值觀，有時卻被扭曲成了要求服從的工具。當父母以愛與孝的錘子敲打孩子成自己內心渴望的模樣時，我們要看清楚那把錘子，是否真的是愛與孝。愛與孝是我們追尋的道德價值，但卻不是父母用以達成私人目的的工具。當我們開始聆聽自己的需要，重視自己的感受後，漸漸明白有時父母只是以愛之名行控制之實時，即便選擇了與父母不同的方向，但卻不是背叛，而只是我們想要的不同，有不同的人生觀與價值感罷了。

當父母的情緒變成了一把利刃，感覺那把利刃架上了脖子時，我們也試著回頭望望自己，被什麼給要脅了。當我們可以看見那把刀，就已經開始找尋破繭而出的方向。

你，其實很好

1. 可能我們會走錯路，也或許無法預測未來可能的發展，但卻可以知道自己正在「走自己的路」。
2. 要從父母的情緒破繭而出，要有「改變」與「相信自己」的勇氣。
3. 內心存在著這麼一個曾受傷的內在小孩，記得偶爾安慰他、安撫他、抱抱他。

愛與不愛，眼見並不為憑

倩梅小時候時常會覺得爸媽對每個小孩實在很不公平，像哥哥比較愛錢，所以考前三名就會給他很多的零用錢，弟弟可能是老么吧，又跟哥哥差了十歲，不管他要不要念書，爸媽都會用崇拜的眼光說：「哇！你好厲害唷！」，反倒是她，特別害怕他們發脾氣不開心，所以因為怕他們生氣，就拚命努力念書，可是他們就不會給她錢，考好時，他們也沒有特別讚美倩梅。

有時候她就真的覺得自己很衰，假如跟哥哥一樣愛錢，他們是不是就會給她多一點錢來獎勵她考好？或是可以像弟弟晚一點出生的話，爸媽或許就會因為老來得子而比較寵自己？哥哥有時候會笑她是外面撿回來的，有時候還真的會認真想：「爸媽對我這樣，是不是我真的是外面撿回來的，所以才特別兇跟沒耐心……」

同在一個家庭當中，特別容易對比父母親戚對待兄弟姊妹的方式，與對待自己是否有不同。當我們是那個獲得父母關愛比較多的小孩時，未必能夠發現自身處在「優勢」當中，認為爸媽特別喜歡跟自己聊天、買東西特別容易想到自己，是再正常不過的事，也不會特別去注意到其他的手足是否也擁有跟我一樣的福利。

但當自己少了一些什麼的時候，就會異常敏感，馬上就發現爸媽對手足或對自己的不同。當這些對自己的不同，漸漸累積變成了委屈，讓我們開始懷疑自己是否被父母接受、被愛著，有時會羨慕與忌妒起自己的手足，甚至去尋找他們被偏愛的原因。可能是家中唯一的兒子，可能是嘴甜的小孩，可能學業成就表現特別突出……我們努力找尋這些被偏愛的理由，想要知道自己不被愛的原因，想找回可以重新被愛與看重的機會。但往往愈是努力想要去爭取父母的眼光，愈是彌補不了差別待遇所帶來的失落，而感覺自己好似不屬於這個家的人，甚至開始覺得自己就是不會被愛、不被重視的人，而開始討厭自己。

別人的「擁有」，不是你的「失去」

還記得曾經在網路上看到一個老師分享「丟紙球」的小遊戲，這個老師發給每個同學一張紙，讓他們將這張紙揉成紙球，接著老師將垃圾桶放在教室前方，並說這是一個遊戲。遊戲中大家都是這個社會的一份子，每個人都有機會躋身上流社會，只要他們坐在自己的位置上，把紙球投進教室前方的垃圾桶裡，馬上就可以進階為上流社會。

我自己在小學任教時，也對六年級的學生玩過這個遊戲，在開始讓大家丟紙球的時候，學生的反應就如同網路上分享的一樣，馬上有「不公平」的聲音冒出來，而發出不公平聲音的人，往往都是離垃圾桶比較遠的人。有一些人沒有聽見或忽略聽見那些不公平的聲音，逕自繼續投紙球；有一些人在聽見他人提出「不公平」之後，愣愣看著台前的我，等待我將規則修正成一個更公平的方式，見我沒有任何反應，雖然遲疑，還是會將球試著往垃圾桶丟。

這個實驗的初衷，是讓學生知道，我們往往擁有許多的特權而不自知，我們在擁有先天優勢的同時，也要去幫助那些因為先天弱勢（位置比較遠）而被忽略的人。但我也從這實驗中發現，當我們是那個弱勢者，比較容易看見自己的「失去」或「短缺」。但若將注意力都放在失去與弱勢時，也可能同時忽略了自己擁有的優勢。

親情中也是如此，特別是當我們過度在乎手足所擁有的父母關愛時，可能是媽媽總是煮哥哥比較喜歡的食物，而自己卻要切水果給全家吃；可能是買東西總是買妹妹的生活必需品，而我的卻要我自己買。有時候明知道爸媽不是真的不照顧自己，或對自己不好，但因為太渴望自己可以受到同等的重視與對待，而把那些兄弟姊妹擁有但我卻沒有的，認為是自己的「失去」。可能同時忽略了，爸媽在其他地方可能多照顧了自己一點時，自己也處在優勢的位置。

沒有完美的父母，他們也曾是小孩

父母若對某一個手足特別關照，身為子女的我們除了會幫爸媽找尋對那個兄弟姊妹比較好的原因，也會找尋自己不被特別喜愛或重視的原因，可能是因為長得不夠可愛漂亮、不是男生。

有時的不平衡更來自於：「自己已經這麼努力表現，用心力去體貼父母，常常為家庭付出，而其他兄弟姊妹竟然不用做些什麼，甚至不用奉養爸媽，整天賴在家不出去工作。爸媽雖然擔心，卻仍然對他們好聲好氣。反觀每個月都拿孝親費回家的自己，爸媽對自己給孝親費的態度感覺理所當然不打緊，卻對自己有更多的要求，像是家裡哪個東西壞了要我去修，但當我對這些不公平待遇發怒時，雙親卻要我體諒他們的無力。」

我們常常會覺得自己「做得不夠」而拚命努力，只希望爸媽可以發現我的努力而多看我一眼，給我公平一點的愛。但努力之後仍獲得不了的公平待遇，更讓我們忿忿不平，不懂為何比較努力的人卻無法獲得相應的愛。常以為是自己不夠好，才會讓爸媽不那麼照顧與疼愛自己，卻同時忽略了他們可能也帶著各自的困難與盲點，用了不舒服、不適合的方式來對待孩子。

小時候，我們被教導著「你要怎麼樣，爸媽才會開心、才會喜歡你」，於是努力成為那個爸媽喜歡的樣子，為了讓他們多注意關愛自己一些。但爸媽對我們的態度與方式，與我們好不好、值不值得被愛，沒有直接的關係。甚至跟他們是否認可自己，也不能完全劃上等號。

提醒自己，永遠值得被好好對待

父母對待我們的方式，不足以代表我好與不好，也不足以證明對手足的「好」是對他們的認可與接納。父母可能對某些特定的孩子付出過多的照顧，藉由過多的照顧來滿足他們小時候渴望被照顧的需求，如果這些特定的孩子對於父母的照顧無動於衷、無形當中也勾起了父母過去「努力付出卻沒被看見」的感受，因此父母縱使內心難受，但仍忍不住繼續努力成為「孝子」，對孩子持續付出。

如果能夠看見父母的限制，他們並不是那個我們心中期待的完美父母，他們有自己的困難與生命課題，那不完全是子女做了什麼或沒做什麼造成父母的偏愛。我們會對父母失望，但同時也開始發覺父母對待我們的方式，跟我們值不值得被愛沒有任何關係。

我們可以去照顧那個受傷、渴望被父母注意到的內心的小孩，成為自己的父母，照顧那個渴望被愛的小孩。提醒自己：「不論我是什麼樣子，我絕對值得好好的被愛」。

你，其實很好

1. 當自己少了一些什麼的時候，我們會異常敏感漸漸累積變成了委屈，開始懷疑自己是否被父母愛。
2. 父母對待我們的方式，不足以代表我好與不好。
3. 不論我是什麼樣子，我絕對值得好好的被愛。

既生瑜何生亮？手足之間免不了比較

霓莎是家中的第二個小孩，在她出生時，姊姊已經四歲半了，雖然不記得什麼時候開始意識到自己有姊姊，但小時候的印象中，霓莎便是姊姊的跟屁蟲，總是想要跟姊姊一起玩，可是卻常常會被姊姊拒絕；姊姊擁有的東西她也很想要擁有，像是特別造型的鬧鐘、正在使用的造型自動筆。

對霓莎來說，姊姊是她的玩伴，也是想模仿的對象，可是她卻也時常感覺姊姊很討厭自己，不喜歡自己黏著她，當爺爺、奶奶屈服於霓莎的任性的要求後，姊姊更是不耐煩、不想理她……

即使在同樣家庭與教養方式當中成長，但會因為出生順序的不同，每個孩子會有不同的感受出現，有時會影響我們看待我自己的方式。

心理學家Alfred Adler用「家庭星座」來看待家庭每一個成員在家中的位置。簡單來說，在家中的排行，會讓我們會有不同的感受，而有不同的個性與特質。

老大，恐懼弟妹分走自己的愛

排行老大的小孩，是家中迎接的第一個孩子，常常我們有人說：「老大照書養，老二照豬養」，老大剛出生便擁有父母的期待，同時新手父母也因為從未帶過小孩，用功一點的父母便會努力地找尋相關的知識來幫助自己可以準備好迎接這個小孩生命的過程。父母對第一個出生的孩子，會較小心翼翼，孩子出現什麼樣的狀況也會因為沒有經歷過而特別緊張。

還記得我某位朋友生第一胎前，就看了很多的書籍，也準備了超多可以協助孩子發展的玩具，每一樣玩具都充滿設計、色彩繽紛，他想讓孩子有好一點的發展。隨著孩子長大，「道具」愈來愈多，不論是翻翻書、有聲書、還有滑過去就會念出英文的書，光是書就讓我對科技嘖嘖稱奇，也對這位媽媽的荷包深度感到驚奇。

這位朋友也告訴我，他對正處兩歲兒子的訓練計畫，是要讓兒子練習背誦數字，他順念一次，訓練他的兒子倒著念回來。我聽了覺得這個訓練感覺好熟悉，朋友才說因為國中時他做了智力測驗，覺得自己就是因為過去沒有這樣的練習經驗，所以在測驗的時候自己反應不過來，進不了資優班。雖然沒有想要讓兒子進到資優班，但總覺得若孩子可以即早訓練，智力就會提高，學習路上就可以輕鬆一些了。

聽完這位朋友的描述，一方面肯定他對兒子教育的用心，但另一方面也忍不住教育了一下朋友關於智力測驗的原理，那些訓練本身對孩子心智發展有一定的幫助，只是假如是以「增進智力測驗的表現」，就有點心態上的作弊了啊！

但也因為他，讓我更加體會到身為老大，在出生後受到因父母對新生兒的期待與焦慮，而對孩子投注大量的關注與能量和細心地呵護。但也往往因此，在弟妹出生之後，感受到父母的注意力被弟弟妹妹所轉移。在弟妹出生前，他們擁有父母全心的關注，但弟妹出生之後，他們的需求往往得等待更需要被照顧的弟弟、妹妹需求被滿足後，父母才會有時間與力氣回過頭來注意他或滿足他。甚至即使好不容易等到父母的關注，父母也要求老大要「理解」有別人比他更需要爸媽，要老大長大，當一個「稱職」的哥哥、姊姊。

他們會深刻感覺到，原本自己是所有大人目光的焦點，擁有尊榮的位置，卻突然因為一個新生命的到來，他要學會等待，要安靜避免吵到新生兒，要接受自己不再是父母唯一的關注焦點，在他們的內心因新生兒到來的變化而產生極大的失落感，勾起龐大的害怕，害怕自己不會再被愛、被關注。若老大沒有辦法在不安時獲得照顧者的安撫，便很有可能因此而覺得自己的愛被弟妹搶走了。

中間子女，在競爭中奮力長大

老大以後出生的小孩，從出生後就習慣生命中就是有另一個人，要一起分享父母的關注以及父母的愛，所以從未經驗過到第一個小孩獨占的強大位置，因此即使後面有其他小孩出生，他也不會出現像老大一樣從獨占到需要分享，彷彿失寵的落差感。

也因為有了第一個孩子，對於照顧孩子就有比較多的熟悉度，爸媽的新鮮感、焦慮感也慢慢降低，爸媽也漸漸將注意力慢慢放回自己的工作上。以往照顧孩子步步為營的狀況，因為已經有照顧第一個孩子的經驗，比較放鬆，也比較願意放手。

前面說到的那個對第一個孩子的教育與發展仔細規畫的朋友，在第二胎出生之後，我可以明顯觀察到，對第二個孩子不再常常處在神經敏感的狀態，也因為一打二的時間與力氣有限，有時即使對於教育有些堅持，但因力量有限，也較願意放手，對第二個孩子哭泣的忍受力變高，對於孩子的消毒工作不再像對待第一個孩子一樣隨時小心翼翼。

對老二來說，有一個他永遠無法改變的事實，總是有一個比他年長的人在他前面。老大就像他們的領航員，他們會將老大的行為當作模範，也可能當作自己的威脅或是競爭的對象。老二們若要受到父母的關注，就要跟感到失寵的老大一同爭取父母的注意力與照顧，以讓自己可以超越或取代父母給予老大的注意力跟愛，來保證自己是能夠被父母妥善照顧的，這是幼兒的生存本能。

在生物界當中，野外失去父母或是不被父母照顧的幼獸，能生存下來的機率近乎於零。因此，和老大競爭成為老二發展的動力，他通常會努力跟上甚至想要勝過老大。中間子女除了要跟老大爭權，也需要跟最小的孩子爭寵，他們為了可以在家中爭取到一席之地而努力奮戰，想要被注意，也希望被重視，所以會用一些方法來讓自己的位置不會因為老大而失去被關注的機會，也不會因為有更小需要被照顧的弟妹而流失被寵愛的感受。

老么，習慣自己被寵愛

老么跟中間子女一樣，不會經歷擁有獨占，卻再被分走的過程，可是他擁有一個最大的優點：他擁有的寵愛，永遠不會被別人分走，他「最幼小」的位置也永遠不會被別人所取代。

他們感受到父母或其他家人總是把他視為家中最弱小、最需要照顧、保護的成員，老么也會將家人自己受到所有的照顧與關注視為自然的事。而且在老么出生時，有許多的責任都已經被分擔掉，像是家事的分配，可能前面的哥哥、姊姊已經在長大歷程當中被父母賦予打掃區域，但當老么出生時，被分配到的責任區域可能就會較小。因此通常是最後享受成果的人，在他們成長過程中後無來者，便會習慣自己是家中被寵愛的人。

獨生子女，較為世故早熟

獨生子女生長在家庭當中，沒有其他手足，他們握有老大的卓越與權力地位，被父母投注許多的關注，同時，他們又擁有老么不用經歷寵愛被別人分走的歷程。不需要競爭就擁有全部的注意力，同時也不需要學會分享，因為他們是家中最弱小的成員。

對獨生子女來說，家中其他大人就是他們主要的互動對象，他們從小跟大人們相處，生活在成人的世界當中，因此通常比較世故、早熟，很知道可以如何討大人開心，也學會怎麼用大人的方式處理問題。獨生子女也因為從小沒有其他手足與玩伴，他們會發展出跟自己玩的遊戲，擁有豐富的想像力與創造力。

但當他們開始要進入學校，練習跟其他「同齡者」相處時，內心便會受到很大的衝突，從來沒有手足來分愛的經驗，讓他們從家庭中最弱小、最需要保護、持續受到關注以他為主的小孩，變成班級中要跟大家一樣，要等待、要平等、要分享玩具、要競爭注意力的位置。如果他們在成長過程當中，他們在學習分享與競爭的過程當中，沒有獲得他人足夠的認同和注意力，可能就會有很沮喪的感覺。

雖然成長過程受到我們出生在家庭中的順序影響，但那個影響卻不是絕對的！你可能會發現，雖然自己是獨生子女，的確也有過跟大人相處比較熟悉跟同學朋友相處常出現一些狀況的時期，但也因為上學後跟同學相處，而開始會去找同學，練習去考慮別人的感受跟需求，有時需要退讓，有時努力爭取。此外，父母也會因為對每個孩子有不同的期待與要求，而給予不同的權利與義務，但這會讓手足間的互動變得不太一樣。

我們都會因為成長過程當中與他人的互動，或是生命當中很多的重要事件，再加上家中排行等等，影響了自己的行為表現。

有時想問，公平一點好不好？

不論我們的排行是什麼，都希望自己是被父母「重視」與「認可」的，渴望自己是重要的，值得被愛與呵護的。希望能感覺家中有屬於自己的位置，且這個位置是不會被取代的。

然而，當被父母要求做家事、努力讀書時，一開始我們可能還會因為認為父母是為了我好，或是我替家裡幫忙一些是應該的，所以沒有怨言。但隨著時間過去，突然發現：為什麼你只要我做？其他人（手足）卻不用做的時候，我們內心的天秤卻也悄悄失衡。開始擔心自己是否比較不重要，所以才會被要求這麼多，內心逐漸積累委屈與不平，甚至會對父母「偏心」的心態與舉動感到憤怒。

到頭來，其實這些對兄弟姊妹的情緒，大多來自我們渴望父母的眼光，期許父母的重視。雖然有時嚷嚷著追求「公平」，內心卻是紛擾著「我是否是被爸媽喜愛」。表面上追求的是公平，而其實我們追求的，是「愛」。

很多時候，子女計較的不是付出了多少的努力、花了多少的心思，而是父母是否懂得，我為了經營我們的關係，願意付出這麼多。渴望最親近的家人可以懂得，我們雖然相互獨立，卻也彼此相依。不渴望你可以感恩我的努力，可是至少不要忽視我對你做的一切，並懂得我的努力，是因為我在乎著與你的關係。

競爭，是想要確認自己是重要的

與兄弟姊妹比較，想要比出個高下，想知道誰比較有價值。這些比較，往往是因為渴望比出「誰比較值得被父母喜愛」而爭取著父母的眼光與肯定。當我們獲得了肯定，覺得自己好棒、值得被疼愛，然後繼續投入下一場手足之爭，到最後卻忘了自己到底在爭些什麼，以為只有爭，爭贏了，才能被肯定被愛。

感受到自己被重視、被愛，是重要的安全感來源，也因此感覺到不安時，自然而然會用我們可以想到的方式去爭取，但有時那些競爭卻讓人愈來愈不安，或只能擁有暫時的安全感，很難相信自己真的被父母重視與疼愛。

但若能相信自己，不論長什麼樣子，個性怎麼樣，不論我是不是家中比較會賺錢的那個小孩，是不是家中最願意分擔家事的小孩，都值得在家擁有一席之地，且永遠不該被取代。即使有缺點，仍然有價值。不用透過把誰比下去，我就是我，也只有我能夠定義我自己。

你，其實很好

1. 不論我們的排行是什麼，我們都希望自己是被父母「重視」與「認可」的。
2. 表面上我們追求的是公平，而其實我們追求的，是「愛」。
3. 不用透過把誰比下去，我就是我，只有我能夠定義我自己。

第三章

感情與婚姻中，最難的是自己

明明我愛你，為何我會痛苦？

人生如同一本故事書，愛情就像是書中絢爛的篇章，讓許多人目不轉睛，沉迷其中無法自拔。但是你為自己寫的，是你的故事？還是他人的故事？當故事來到尾聲，可能是分開，也可能是永結連理，中間又有什麼該面對的呢？

為何如著魔般，無法跟爛情人分手？

「在整個過程當中，我最氣的就是我自己！我為什麼要這樣低聲下氣，明明就是他的錯，可是偏偏我就又習慣馬上低頭，幹嘛這麼害怕他要分手，要分手就分手啊！到底我幹嘛要放不了手！我真的很受不了我自己！」羽萱緊咬著下唇，劈哩啪啦的道出這些日子以來的不悅與對自己的憤怒。

她緩緩地說：「後來我發現他就好像我，對自己總是沒自信。然後看到他自艾自憐的時候，我就會特別容易心軟，因為我懂他的張牙舞爪，是他太受傷想要被我重視。我知道自己張牙舞爪的時候，就是特別需要他人的安撫，所以我也忍不住去安撫了那個像我的他……」

在愛情當中，人們總是盲目，以為自己可以做到一貫的理智，卻也總是敗在無法控制自己的理智。總以為只要維持冷靜、客觀，就可以搞得定愛情，可是卻忽略了愛情的悸動與情愫，往往讓人來不及思考便衝動行事了。

你是否也曾經碰過爛情人？不懂自己怎麼會選擇這樣的爛情人，甚至明知道自己只是要「玩一玩」罷了，不打算對這個人認真，卻不知怎麼地又認真起來且無法自拔，然後氣自己怎麼這麼傻？竟然對一個不該認真的人認真了起來。

究竟是什麼，讓我們明知道這個對象碰不得，也不該認真，卻還是莫名地把愛砸了下去？

在愛情中，矮化了自己

如果發現自己總是被莫名的力量驅使，往往都跟內心隱而未知的失落與認同有關。可能是在對方身上看見自己脆弱的身影，像是著魔般的無法果斷分手，真相是我們不捨自己的脆弱，再度被自己傷害，想要安撫那個內心未曾被自己與他人重視呵護的部分。

有時，我們選擇的對象，可能有著自己最渴望卻又最難以擁有的部分。或許是他的聰明才智，或許是他那和諧的家庭氛圍，也或許是無畏他人眼光的特質。帶著期待與幻想，以為跟這樣的對象交往後，自己就可以更加完整，不再感受到自卑與無能。

只是若將另一半想得太過理想，只對他的優點無條件崇拜，卻忽略了自己也一樣擁有與眾不同的部分。一方面過度擴張了另一半的能力，另一方面過度小看了自己。甚至害怕失去這樣「完美」的伴侶而不敢做自己，擔心一旦做回了真實的樣子就會被討厭，小心翼翼地將自己偽裝成自己不認識的樣子。而這也只是更讓自己確信：「他喜歡的不是我，而是我偽裝的樣子。」

明明不孤單，但卻更孤單

愛情，也滿足了我們很多過去的空缺。我看到很多青少年們在小小年紀就忙著追尋愛情，我也一邊回想著自己還是青少年時，情竇初開、對異性好奇是事實，但又是什麼讓我們會盲目的追尋著「另一半」？

愛情，讓我們感覺到「原來我是可以被重視的啊！」它補足了我們在家庭中缺乏的存在感，在關係中被重視、被認為是獨一無二，再加上愛情獨有的新鮮與悸動，讓我們感覺到生命中有另一個人走進來，感覺到自己可以被重視、是重要的。

於是人們在愛情中找尋在家中沒被滿足的愛，一邊感受被愛的欣喜，卻同時也擔憂著被丟下的害怕。只要對方不在眼前，便會擔心著：他是否會忘記我？是否會碰見其他更優秀的人就不要我了？會不會突然發現我真正的樣子，然後就不喜歡我了？……這些不安如影隨形，就如同在家中常常覺得自己不重要的焦慮——「我不相信自己可以被愛」。

原本投身愛情，想讓自己有個伴度過孤單，但卻好像更加孤單。

愛上別人前，要先愛上自己

在潛意識中選擇另一半以補足自己的不足，或藉由照顧另一半，來照顧過去未曾被照顧的自己，便很有可能被此影響我們的愛情關係而不自知。但不論是哪一種狀況，「愛自己」卻都是基礎的功課。

只有開始愛自己，才能夠相信自己原本的樣子就值得被喜愛，不論高矮胖瘦，不論是不是常常沒有安全感，不論是不是有時會想要任性一下……我都知道，即使有著會讓人煩惱的缺點，我還是值得被喜愛。當相信了這一點，就不會在受委屈的時候，覺得另一半太棒、太優秀了，我受點委屈是應該的。也不會因為害怕被拋棄，而不敢相信自己的需要與感受都是重要的，是可以表達出來讓對方聽見的。

如此，就能漸漸擁有照顧自己的能力，不需要透過照顧另一半來彌補過去的傷害，看見自己曾經的孤單與脆弱，看見曾經有過的傷，再慢慢去理解自己，讓自己練習去照顧、呵護那個過去未曾被陪伴與呵護的傷口，才有可能不只是被潛意識所驅使，而是清楚知道：現在照顧你，是因為我想照顧你，而不是從你身上看見自己的倒影。

你，其實很好

1. 若將另一半想得太過理想，只對他的優點無條件崇拜，容易忽略了自己也一樣擁有與眾不同的部分。
2. 我們在愛情中找尋在家中沒被滿足的愛，一邊感受被愛的欣喜，卻同時也擔憂著被丟下的害怕。
3. 只有開始愛自己，才能夠相信自己原本的樣子就值得被喜愛。

你哭著對我說，童話裡都是騙人的

從小時候，婉庭就憧憬著愛情，覺得只要有愛就可以克服一切的挑戰，在看愛情劇的時候，她恨不得女主快點看見男主角的優點，看見他的心意。可是在真實踏入愛情後，才發現愛情不是只有「看見心意」這麼簡單。

原本婉庭對自己就很自卑，剛好她喜歡上的人，是許多人愛慕的對象，原本婉庭覺得他不會喜歡自己，沒想到他們最後卻交往了。交往後，婉庭感覺自己好像沾了他的光、被許多人包圍，也因為有了「不錯的男友」，而覺得自己好像還不錯，才會被挑選跟喜歡。但漸漸發現，他對朋友很好，私底下卻常無端對女友發脾氣，有時候騎車時吵架，就把女友丟在橋上自己騎走了。她感覺好亂，不確定到底怎麼了，是他不好嗎？可是大部分朋友都說他超優秀，能跟他在一起真的很幸運，可是為什麼婉庭感覺卻有點痛苦……

小時候，我們讀了許許多多的童話故事，不論是善良美麗的白雪公主、天真為愛犧牲聲音的美人魚，還是勤勞委屈的灰姑娘，在這些一個又一個美麗的故事當中，這些女主角們總是勤奮、天真、又認份，在默默地等待、委屈犧牲之後，總會有一位王子發現這些辛苦的公主，幫公主脫離痛苦的處境，然後與公主從此過著幸福快樂的日子。

或許童話故事並沒有騙人，的確王子會幫助我們脫離對自己的懷疑，也可能讓我們暫時不用去想自己的未來，可以暫時倚賴著另一半，為對方而活，就像公主們脫離了原本的生活，與王子到了一個新的地方去開啟「幸福新生活」。

童話創造了夢想，也製造了幻想

於是在成長過程當中，遭遇委屈，承受痛苦的時候，也會告訴自己忍一下就好了，委屈一點，總會有一個恩人來拯救我脫離這樣的苦境。突然發現有一位王子能帶離我逃離原先的痛苦，於是興高采烈，將自己過去曾有的孤單、委屈、期待，都放在了這個人身上，卻發現童話故事開始變了調。

我們開始懷疑，是否因為我不是公主，所以才無法跟童話故事的結局一樣從此幸福快樂？還是找的那個人不是王子，才無法給我幸福快樂的生活？

電影《史瑞克》上映時吸引了我的注意力，除了劇情搞笑有趣之外，更讓我驚豔的是它顛覆了傳統童話故事的想像。或許有點俏皮，但好像又比較貼近現實人生。我們以為的美麗公主，其實也擁有不為人知的、大家不太認同的「怪物」的一面。童話故事讓人對生活擁有希望與幻想，也因而渴望愛可以帶我們離開生命中的痛苦，讓我們可以暫時忍受生活中的無力。

可是一旦真的找到了王子，會以為自己不再需要面對生活中的問題，選擇逃避的同時，也同時逃避了對自己生命的責任，並把他人的生命當作自己大部分的生活，漸漸也失去了自己。

在愛情中，逃避不了個人的課題

幾年前，一部天心與李銘順主演的電視劇《親愛的，我愛上別人了》，天心所飾演的女主角，原是建築業的女強人，但因為女性在建築業的弱勢，讓她在過程當中遭受許多挫折。在事業最不順遂的時候，當時的男朋友與她求婚，使她沒有考慮太多，立刻投入婚姻並放棄了自己的事業，想著與李銘順共組一個家，她就成為先生的後盾便可以了。但是，畢竟女主角是為了逃避內心的挫折感而走入婚姻，事後回想，她其實過去有夢想，但因為逃避卻讓她逐漸喪失自己，也逐漸失去自信。

那時看這部電視劇心裡感觸很深：我們以為逃得了生命的困難，但它卻只是用不同的方式，不停地在生命當中重現。

即使那部電視劇播出的時候，我才二十多歲，但卻對我有許多的啟發。童話故事大多告訴我們：只要撐過了，王子就會帶你離開那個不好的生活了。可是，其實生活當中充斥著自己的課題。可能是覺得自己不夠優秀，又或是對家境感到羞愧，而希望一個人帶自己離開窮困的生活……這些生命帶給我們的課題，很少會因為換了個環境就不再出現，反倒會一遍又一遍出現在生活內。

當然我們可以每回都逃到不同的地方去，然而當事情一次次重演時，只會更加的無助，更加相信自己無力去因應這個課題。

從此真的過著幸福快樂的生活？

在愛情中時常受挫的我，曾經閱讀了《公主向前走》這本書，讓我突然發現，逃避可以讓我們暫時蒙蔽雙眼，不用去理會生命當中的挫折與痛苦，但同時也選擇了讓自己處在不安與失落當中，即便快樂，也只是浮動的快樂。這本書裡面，也是透過「從此過著幸福快樂的生活」後的公主，面對關係當中的挫折與痛苦，隱藏自己的情緒，仍活在童話故事的劇情，想著我們應該是幸福快樂的。然而，到最後公主已經承受不住王子的冷淡與情緒化時，她才開始走向尋找自己的路，一步步面對自己的情緒，慢慢找回自己的價值。

愛情，讓我們找到人生同行的夥伴，在我們脆弱無力的時候，身邊的伴侶無疑是重要的支持者，知道我們並不孤單。但是，當我們放棄面對困難，也將勇氣藏在看不見的地方。我們要面對的課題，也不會因為逃避而消失。而當走向尋找與認同自己的道路，會發現自己擁有比想像中還強大的力量，或許有時需要支持，但也能夠相信著即便不依賴他人，自己也可以克服生命中的困難。

提起筆，寫自己的愛情故事

我們的生命，就如同一本故事書，想要交由他人的手來幫自己完成故事，這本書遲早會替換主角，變成別人的故事。可以繼續對童話故事抱持的期待與希望，但同時也要記住，只有我們可以為自己撰寫自己的故事，包括自己的愛情故事。

完成自己的故事，無疑需要許多的勇氣，甚至會碰到許多懷疑自己的狀況。但不論在愛情當中，或是人生當中所遭遇的困境，反而一次次讓我們看見自己，是否特別容易懷疑自己？或是情緒特別容易因為另一半而跟著波動？可以看見自己容易受影響的時候，進而協助自己面對這項特質，讓我們不論在關係中，或是在面對人生的抉擇時，都可以走自己的路，而不是沉浸在童話故事中的幻想，再辛苦地從幻想中破滅。

你，其實很好

1. 童話故事讓人對生活擁有希望與幻想，也因而渴望愛可以帶我們離開生命中的痛苦。
2. 想要交由他人的手來幫自己完成故事，這本書遲早會替換主角，變成別人的故事。
3. 走自己的路，而不是沉浸在童話故事中的幻想，再辛苦地從幻想中破滅。

婚不婚，我都是我自己

燕寧家的三姊妹雖然年紀差距很大，但感情很好，還有一個專屬LINE群組。年紀比燕寧大十三歲的大姊先結婚生子，常常聽她抱怨很多嫁入新家庭的悲慘事蹟。那時候燕寧只是覺得因為她嫁進一個傳統大家庭，跟婆婆小叔同住一個屋簷下，一下班就整家老小一起來「吃便飯」，辛苦煮完一桌，再洗完所有的餐碗盤，卻沒有人道謝。燕寧一直以為，只要不要嫁進大家庭，應該就不會有這麼多妯娌親戚的摩擦。

直到二姊也結婚生子，才發現事情不是燕寧想像的這麼簡單。二姊婆家遠在離島，姊夫也會與二姊一起分擔家事，對姊姊呵護備至。燕寧想二姊嫁得真好，但在二姊相繼生了女兒與兒子之後，婆婆常常想來幫忙照顧孫子女，因此起了許多生活、觀念上的摩擦，小至姊姊家要買哪一種除濕機都可以吵得不可開交……

進入婚姻，彷彿進入夾縫

對許多的男性而言，面對自己爸媽與老婆間的意見分歧，想必是最為難的時刻。有一些人選擇當理性的仲裁者，誰對就站在誰那邊；有些人是一方永遠的盟友，選擇只支持另一半，或時常選擇聽從自己父母的意見。但不論是站哪一邊，總有一方不被支持，而產生憤怒、被拋下的感覺。

女性也沒這麼好過，結婚之後，進入一個新的家庭，再怎麼努力想要融入，因為彼此不是「血緣相親的一家人」，硬生生比另一半少了二、三十年的互動基礎，怎麼可能如理想無縫接軌，期待對方家庭真的能把自己「視如己出」。

當女孩變老婆，再也沒有「家」

在結婚時，對父母拜別、潑水等種種儀式皆明示、暗示著，女生結婚意味著離開原本的家嫁進別人家，即使現在的社會不如以往堅定地認為女生嫁出去就是別人家的人，可是當出現爭執時，孝道、婦德、以和為貴等傳統概念仍會被他人拿出來要求自己。

感覺自己離開了從小生長的家，進到新的家庭又好像不完全是自己的家，有時甚至會出現「究竟哪裡才是我的家？」的落寞與悲傷。對女性而言，就像夾在原生家庭與婆家間的夾縫裡，明明兩邊都是家，卻常浮現找不到容身之處的孤寂感。

我選擇了你，同時也失去了什麼

進入婚姻，不只是少女幻想中的戴上鑽戒、披上婚紗等美好畫面的集合，也不只是擁有光明正大可以同居、同房的理由，也不只是不再擔心女生家裡的門禁與父母炙熱的眼光。選擇進入婚姻的同時，彷彿也要有失去些什麼的心理準備，不論是對原生家庭的依賴與恣意生活、王子、公主般的待遇、一人好全家好的自在……種種想像情況，有時會讓我們卻步，猶豫是否真的要開始進入失去自己的旅程。甚至帶著天真的想像進入婚姻當中，才發現原來婚姻不只是從此過著幸福快樂的日子，有更多的關係拉扯、生活中的眉角和衝突需要去面對。

當我們想像可能會失去，或正在失去，更會對自己可能或已經失去的憤怒又無力，有時甚至想：「不要結婚算了」，寧願離婚姻這件事遠遠的，也不想面對可能出現的各種難題，一邊解題，一邊責怪自己被鑽戒或合法同居生活所迷惑。

可是，婚姻的初衷，明明是選擇跟這個人一起攜手未來的人生，只要跟這個人在一起就可以感覺彼此陪伴一同成長，可以彼此扶持。直到真正組成新的家庭，才發現這不只是我與另一半的家庭，而是我的出生家庭、他的出生家庭與我們共組家庭這三個家庭的集合。關係比原本想像中的來的多，要處理的衝突、生活與關係中的各種價值觀落差層出不窮。

這些困難與掙扎，讓準備進入婚姻的我們猶豫著：我該放棄這麼多嗎？同時已婚者這些失去的感受，也讓自己增加了許多懊悔與失落感。

多麼希望你看見我在為你吃苦

在婚姻中，相互的妥協、適度地為關係讓步，有時是必要的，但當我們妥協、讓步的時候，其實都有原因。有時這個原因是來自於過去成長經驗當中，被教導著要犧牲奉獻，於是不自覺得先放棄自己的需要，但當他人並沒有因此而看見或肯定自己的付出，內心的失衡會讓我們赫然發現，自己的努力被視作理所當然，不被人所看重。

然而，過度捨棄自己以成就他人的習慣，是因為我們太渴望別人可以看見自己委曲求全的辛苦，希望努力可以被別人看見，甚至因此而更加接受自己。以為只有通過痛苦的旅程，才可以被他人接納與認同；以為要藉由承受苦痛，才能證明自己對他人的心意，就如同這些苦一般，即使難入口，但為了你，我願意。

這些都是因為華人文化好崇尚「吃苦」，我們不斷推崇著「吃苦耐勞」、「吃得苦中苦，方得人上人」的傳統美德，認為安逸會導致失敗，我們以為只有吃苦才能滿足自己被看見、被肯定、被接納的需求。

停下腳步，夾縫中求生存

不論男女，在婚姻當中都有各自的為難與辛苦，都想在夾縫當中尋求安穩與平衡。這些想要被肯定、接納的希望，以及想要在關係當中也擁有自我空間的需要，都很重要。我們需要停下腳步，看見自己在這樣惋惜與無奈的夾縫中，內心真正的需求是什麼？

可能是想要被另一半的無條件支持與肯定、擁有決定自己生活方式的自主權、或是渴望被他人認可的需要……這些需要都隱藏在內心深處，我們想要用「理性、合理」地爭取自己的需要，於是也為自己的需要找到合適的理由。

譬如當我們渴望另一半可以讓自己在婚姻裡感受被無條件的呵護與照顧，但當與對方家庭出現意見分歧的狀況時，另一半卻想要當個中立的協調者，心中卻對另一半中立的態度感到委屈與失望，不斷的告訴對方自己進入新的家庭當中有多麼不安，多希望他可以認同自己的感受與選擇，但其實真正內心的渴望，是希望另一半可以成為自己的避風港，安心地依偎在另一半的維護與保護當中。這個渴望跟想要讓另一半與他的父母對立無關，也與另一半當協調者的作法好不好也無關，只是內心有個想要被保護的小女孩，在這時呼喚著被照顧的需求。

若嘗試找到自己內心真正的需求，找到滿足彼此需求的方式，而不一定總是要透過無止盡的委屈、吃苦來等待他人看見或聽見自己的需要，也不一定總是要放棄自己的需要才能滿足別人，彼此的需求都值得被看見與重視。

你，其實很好

1. 停下腳步，看見自己在這樣惋惜與無奈的夾縫中，真正的需求是什麼？
2. 不一定總是要透過無止盡的委屈、吃苦來等待他人看見或聽見自己的需要。
3. 不一定總是要放棄自己才能滿足別人，彼此的需求都值得被看見與重視。

與你分開的勇氣

秋茹對男友已經逐漸喪失了「愛」的感覺，她不確定是因為感情變得平淡還是怎麼的，早上回應他早安，看見他分享給自己的有趣影片連結，秋茹不再會勉強自己點開沒興趣的影片來看，只為了讓自己跟他可以再多一些日常討論的話題。

每個星期二跟五，他們會在下班後一起吃個晚飯再各自回家，週末她已經不太想出門約會，只想窩在家裡與沙發融為一體。他們之間的相處已變成例行公事，一觸即發的火花也已經許久不見。秋茹忍不住想：「我是不是不愛了？」

愛情的發展，會經過許多的階段。過去便有學者 Blumstein 與 Kollock 將愛情區分為四個階段：

(1)建立與發展

(2)承諾與持續

(3不和諧與惡化

(4)關係結束與解組。

當愛情經過了一開始相互認識、彼此吸引後，雙方開始締結承諾，相約彼此攜手前行，對對方有許多的興趣與熱情，恨不得每分每秒都能在對方身邊，一起分享生命，一起遊歷各個地方，只因為想要在對方的身邊。我們努力展現著自己最好的一面，親手煮一碗紅豆湯，只為了讓生理期的女朋友可以緩解肚子的不舒服；親手烤著餅乾，只想讓對方知道我手藝真的不錯！希望對方可以知道自己真的很好、很棒，但同時也害怕對方發現自己有點懶惰、其實平時很邋遢，那個有點缺陷的一面。

安心了，就不再需要「假裝自己很棒」

但隨著熱戀期慢慢走向尾端，我們開始不再過度擔心，害怕對方會因為知道自己的缺陷而會放棄關係，對彼此有更多走向天長地久的承諾，對未來有更多生活的願景與規畫的夢想藍圖，漸漸把那個需要「假裝自己很棒」的擔心慢慢卸下，相信對方可以接受我原本的樣貌。摘下自己精心繪製的假面，也想要用真實的自己與對方相處。

與此同時，我們也開始不把全部的精力與注意力只投注在愛情當中，開始面對自己生命中的各種課題，不論是課業、工作、家庭上的狀態，愛情能成為暫時的避風港，卻不能讓我們永遠逃避困難與壓力，彼此間不再像熱戀期，時時有想黏在一起的衝動，取而代之的是追求更多自己的空間與時間。

要忍受，還是接受「習慣」？

當秋茹開始發現，在書局閒逛的時候，不只會想要多看那個跟自己拿起同一本書的男生一眼，還很想與他認識跟攀談，而知道不只是為了書；開始不要刻意壓抑著與男性的互動，有時帶著一點曖昧秋茹也不再避諱。她知道自己不一樣了，雖然沒有真的要變心，但自己的心好像不完全在另一半的身上了……

經過了火熱的熱戀時期，成為伴侶的我們對彼此已逐漸熟悉，新鮮感慢慢褪去，慣性帶走了熱情，「沒那麼愛」的感覺漸漸升起，究竟該不該繼續這段感情？很多時候我們逃避不想面對愛情的熱度降低，因為那讓你感覺到自己就像個容易變心的人，這社會對於「不夠愛」或是「變心」的譴責又多又重，一想到自己「不那麼愛了」，罪惡感也隨之而起。

但就算選擇逃避內心的感覺，卻避免不了被其他人吸引的可能性。這些逃避，常常與對關係的不滿有關，可能我們對關係有期待，也希望另一半可以滿足自己某一些需求卻總是挫折，於是漸行漸遠，卻只看到了「不愛」的表象，忽略了「關係失衡」的本質。

愛情從熱情走向平淡是必然，重點並不在於平淡就要選擇結束，而是看見平淡之後想要如何面對彼此的關係。

而更重要的是，看見自己在關係中的需求與感受，若有需求但常感覺沒有被當一回事，能否給予彼此多一些信任，再次去表達自己對需求的渴望。若這個需求真的很重要，對方又真的無法達到，好聚好散也未必是個不好的選擇。真實地看待彼此的關係出現了什麼，讓彼此逐漸喪失對彼此的熱情，並找尋雙方都喜歡且合適的方式，才不會總是需要藉由「劈腿」或「爭執」才能離開一段關係，而是在每一個當下，都清楚自己的選擇。

明明彼此都沒錯，難道該分手嗎？

有時候，言志覺得秋茹開始會對自己不耐煩，不再想回應自己每天的早安跟晚安，有時連通電話都不想說，他只能想著她或許忙吧，忙到沒有力氣回應自己。但言志內心卻也覺得不安，覺得好像又不只是忙，是冷淡……

我們在關係中迷惘，不確定沒有「錯誤」的感情是否真的就要到此結束。多數人可以在發現小三時，痛徹心扉也毅然斷絕感情，卻不知道是否要因為在關係裡的不舒服感受，而就此斷去。

如果習慣用看得到的人事物來確定自己的感受與決定，就會不知道該怎麼相信自己感覺到的失落、沮喪與憤怒，有時候這些感覺太真實，會讓我們去面對與感受那些關係中的不平衡與不滿足；有時候感覺卻又太模糊，不確定這些感受是否是錯的，還是自己太過敏感。旁人的一句「你們兩個真是登對」、「你們感情看起來很好啊」，就足以讓自己懷疑那些不安與空白都是幻象。

漸漸地，忘記如何去信任自己感受，習於由別人的眼睛看待自己，也任由他人的眼光來決定自己的關係是否值得再繼續投注時間與心。也為了讓自己感受舒服一點，隔離了那些不安與失落，讓自己繼續相信這段感情，想要離去的念頭卻又盤旋不停。

只能不停地問自己，我還愛嗎？我還想要嗎？卻又抱著一絲希望「總有一天會不同的吧？」，想要相信會有轉機，想要相信總有一天對方可以再看見自己，就如同一開始他看見了我一般。抱持著可能改變的機會與希望，卻更加忽略自己的感受，以及錯失對話與表達需求的機會。

你，其實很好

1. 重點並不在平淡就選擇結束，而是看見平淡之後該要如何面對彼此的關係。
2. 若自己的需求真的很重要，對方又真的無法達到，好聚好散也未必是個不好的選擇。
3. 習慣用看得到的人事物來確定自己的感受與決定，就會不知道該怎麼相信自己感覺到的失落。

牽手與分手，都是因為愛

最近幾個月，言志感覺跟女友秋茹之間冷淡了許多，邀約她出門她總是有各種理由推託，以前她連跟姊妹的約會都會另約時間，現在卻感覺連她的韓劇都比跟自己約會來的重要。言志安慰著自己，可能她最近工作壓力比較大，需要自己的時間吧。

可是後來有一天他們出去吃晚餐，秋茹跟他說：「我們的感情好像淡了」，問言志：「我們是不是不適合，分手比較好？」頓時言志腦中一片空白，他以為彼此可以慢慢走向結婚，難以置信竟然是走向這樣的結局。他不斷在腦中翻找著兩人之間的相處哪裡讓秋茹不開心、不滿意，言志找了一百個答案，卻也為自己感覺到委屈。即使知道自己可能沒有做錯些什麼，還是無法停止著想著，是他哪裡做得不夠好……

在電視中的感情戲，劇本常常都是這麼寫的：帥氣的男主角，家境好，可能原本有著漂亮、能幹的女朋友，或一開始會被可愛亮麗的人吸引，這個女伴雖然外在條件很好，但卻是金玉其外、敗絮其中，有著壞心眼，想要獨占男主角，時常做出欺壓女主角，甚至陷害女主角的舉動，讓女主角陷入危險或是困窘的狀況裡面。男主角後來會發現這個女朋友竟然是個個性如此偏差的人，於是決定分手，並發現善良的女主角常常選擇了委屈求全、忍受被欺侮，兩人從此珍惜彼此，繼續攜手走向幸福人生……男女性別調換過來亦然。

在這樣的劇情設計當中，感情破局的某一方往往被設定成壞人，不論是劈腿、做惡多端、個性不夠善良，讓主角看清這個「壞人」的真面目，離開「壞人」選擇了「善良的」另一半從此過著幸福快樂的日子。

「分手」，不會總是誰的錯

一開始看著這些愛情劇的時候，心情多會跟著劇情中的愛情冒泡泡，罵著壞心的角色，替溫柔善良的主角打抱不平。但在觀察自己與朋友的感情當中，卻發現原來常常「決定要分手」的那一方，往往也會經歷被設定成了「負心」的一方。除非戀人「討人厭」、「個性很差」、「劈腿」，因此選擇分手是因為「對方太差」，否則「不愛了」的那一方就會被無意間與「無心經營感情」、「不珍惜感情」畫上了等號。

於是，有很多人明明已經感覺感情走向終點，卻無法說分手……心情矛盾到了最後，不敢「成為壞人」主動將關係結束，或是等待另一個心動的對象出現，才能夠說服自己果決分開。

我們在這些戲劇或是姊妹淘、兄弟間的對話中，淺移默化地被教導著關係的結束，跟某方犯了錯有關係。尤其在戲劇當中，好壞總是相當兩極化，好人就一直是好人，壞人總被設定地很負面，於是壞人被甩讓人覺得理所當然，好人的委曲求全始終會被看見與珍惜。然而這樣的設定，往往脫離現實：每一個人，本來就不是這麼絕對的好與壞。

我後來看著這些戲劇時常會想著：假如這個被設定「壞蛋」的角色，實際上沒有這麼壞，沒有這麼自我、專情不會劈腿，他就真的不會被分手嗎？而那個看起來無害、善良、體貼的主角，真的只有「被壞蛋欺負」、「惡婆婆的阻撓」、「努力為自己爭取」這些受害與努力向上的故事線，卻沒有想要自私、只為自己不考慮他人的時刻存在嗎？

你不是不好，只是我們不適合

或許，在感情走向分離時，我們都好想要知道感情分歧的「癥結點」，讓自己可以擁有一些控制感，知道自己還可以努力些什麼來控制情感的變化。然而，找尋「癥結點」本身，是為了讓我們更加知道自己的「在意」。

譬如有些人希望伴侶可以在各種節日送上小禮物藉此感受對方的愛意，當另一半做不到這件事的時候，會因對方達不到自己的期待而感到失落、不被愛。然而，造成彼此間感情分歧的，不只是想要另一半送禮物的那方太過「公主／王子」，也不是連送禮物都不願去做的另一方「不用心／不努力／不夠在意」，而是彼此對於表達與接收愛的方式不相同，無法在彼此的頻率上感受對方的感情。

有時當我們責怪對方不貼心、不夠努力，也只是想將對方放在壞人的位置，來避免成為捨棄關係的壞人。這跟我們時常被教導著努力、不屈不撓，卻沒有被教導著「適時放下」有關。

中華文化崇尚著「努力到最後一刻」，再痛苦熬過去就對了，或許在求學階段的學習歷程、工作上，這樣的觀念可以讓人在面臨困難時，能更加有勇氣面對。然而，不願吃苦，就不能成為人上人了嗎？吃很多苦，就有被珍惜與看見的機會嗎？

感情結束了，好想知道「錯誤在哪裡發生」，好想知道是否我多做，或改變自己一些什麼，這段感情就可以延續。但其實是我們很不捨這段感情，對於感情的分離有許多的失落與悲傷，還不知道該如何去面對，以為只要do something就能改變結局。然而，面對關係的結束，難過失落都是正常的歷程，畢竟曾經這麼靠近的兩個人，如今卻要拉開彼此間的距離，甚至會勾起自己是否不值得被愛的恐懼。

改變或放棄，其實都是一種愛

每個人都有自己的限制與缺點，例如我喜歡到處晃晃，找尋一些可愛的東西，也很喜歡用禮物展現對對方的愛，因此在大小節日送上小禮物，對我來說不太需要費心力，反而很樂在其中；但是，若要我說出甜膩的甜言蜜語，對我來說可能是一大折磨，不是不能說，但說之前真的需要在腦袋千迴百轉，還要克服自己的尷尬與扭捏，著實要用很大的力氣才有辦法吐出幾個字，且不管練習了多少次，每次都要歷經一整串的心理矛盾、掙扎、付出好大的心力，這跟愛不愛沒有絕對的關係。

「受苦」不是對關係負責的唯一選擇，我們都有權選擇一個自己能夠接受的互動關係，而對方接受自己的方式與否，跟我這個需求對不對、對方愛不愛我、我值不值得被愛並非絕對關係。畢竟兩個人在一起，不是為了讓兩個人的生活都充滿壓力與折磨，若是選擇為了對方期望被愛的方式改變與調整自己，那是一種愛；但選擇停止相互折磨的關係，讓彼此都可以更加自在的生活，那也是另一種愛。

你，其實很好

1. 每一個人，本來就不是這麼絕對的好與壞。
2. 面對關係的結束，難過失落都是正常的歷程。
3. 「受苦」不是對關係負責的唯一選擇，我們都有權選擇一個自己能夠接受的互動關係。

婆媳之間，誰才是自己人？

岳如跟另一半交往十年了，交往後期岳如時常到先生家作客串門子，一邊跟未來的家庭培養感情。當時還沒結婚的時候，婆婆是不讓她在廚房裡幫忙煮飯洗碗的，小叔、小姑對自己也非常客氣與親切，讓岳如有一家人的感覺。於是在先生求婚時，岳如不只認為這個男人待自己很好，公婆家整體感覺也很親切，安心地答應與先生共組家庭。

但在結婚後，她開始感覺到各種的不平與委屈，雖然婚前不讓進廚房，婚後她卻變成大媳婦，要負責所有一家老小的三餐，卻只有她一個人在廚房裡忙進忙出，公婆與小叔小姑卻只待在客廳裡看電視，聽著客廳傳來陣陣的笑聲，岳如內心卻感覺有一點孤單與淒苦，明明已經在婚前就仔細觀察過婆家了，為什麼嫁進來後，完全是兩樣情……

步入婚姻前，如何搞定「婆媳關係」往往是許多人步入婚姻前後最常思量的事情之一。隨便在網路上搜尋「婆媳關係」，便會有許多對婆婆或是媳婦的提醒文，不論是該如何對待自己的婆婆，或是要當一個怎麼樣的婆婆……等等教戰手冊或心法，無不是讓女人在這微妙的婆媳關係裡面可以不為難女人。

在進入婚姻之後，身為女性的我們，面臨最大的轉變就是角色變化。經過一連串禮俗的婚禮之後，在在提醒著我們是「潑出去的水」，雖然隨著時代的進步，女性意識愈來愈抬頭，我們可以選擇成為溫柔似水的女性，拒絕再當可被潑灑的家庭物品。但即便如此，只要家庭當中的公公／婆婆、媳婦、媳婦原生家庭中的爸媽、甚或是先生，只要有一個人對婆媳關係與另一方的想法概念有落差，便可能有許多的摩擦。

兩代間的價值衝突難以避免

在我自己的生活當中，看著步入婚姻的的女性長輩或是自己的姊妹們，即便感情再好，多少都碰見些許婆媳關係的困境，就如同我們與自己的家人，偶爾也會有意見不同與衝突之處。然而，難就難在婆媳關係看似母女，但這樣的關係卻起於「一個男人」才成立，這個人便是婆婆的兒子、媳婦的丈夫。在這段關係裡，不只單純面對著婆婆與媳婦兩個人，互動時，這個「男人」往往會影響著彼此要如何對待著對方。

雖然看著這些身處新時代的女性，開始突破過去的嫁娶概念，不再試圖將婆媳關係當作母女關係來經營，然而在現代的婚姻中，女人的苦與怨，往往是因承受許多來自家族的壓力，常被要求做許多的配合與適應，不論是傳宗接代、處理家務上、或許多的習俗上，女性往往還是會被投以較多的期待與責任。

光是過年這個傳統節日，就看得出即使身處現代，觀念也逐漸改變，有許多媳婦開始想要「回家過年」，但這條回家之路，不只是媳婦一人覺得可以就好，不論是丈夫與其爸媽（或是爺爺奶奶）、媳婦的爸媽都影響著如何走這條路。我也曾看過有些朋友的丈夫的家庭雖支持媳婦回家過年，但父母卻覺得女兒已是「別人家的人」而拒絕女兒回家過年。可見許多的傳統習俗與觀念，仍然影響著我們。

婆婆的難——想把妳當自己人，卻不知該如何對妳

有許多的婆婆不若以往抱持的傳統觀念，開始認知到的確媳婦不是自己的女兒，也不再認為媳婦就該理當負責家裡所有的家務，就現代的眼光來說，會被認為是一位「開明」的婆婆。

然而一位開明的婆婆，也會面臨內心的掙扎。有時好心邀請媳婦一起做家事，卻被認為是大小眼，只要求媳婦；但若讓媳婦可以什麼都不用做，媳婦又覺得被孤立，到底怎麼才能讓媳婦感覺自己被接納？

有時候，婆婆的為難不在於不想努力與媳婦經營好關係，就算不用形同母女，也想表達對對方的接納。但若雙方缺乏交流，婆婆與媳婦無法將彼此的心意傳達給對方，也容易形成誤會，難以知道彼此的真心。

媳婦的難——我有被當成自己人嗎？

當媳婦有著「嫁進夫家」的想法時，便容易感覺自己是孤單一人進到一個新的家庭當中。獨自面對著陌生的家庭關係、新的家庭生活，媳婦努力著想要「被接納」或「被喜歡」，為了讓自己不要一直感覺到孤單與陌生，而想盡快融入這一個不熟悉的團體裡面。

但人們有時候很不相信自己的感覺，會不斷用各種的方式來確認自己是否被婆婆與夫家人接納。除了會觀察婆婆對待小姑的方式以及對待自己的方式是否相同，來確定自己是否「平等」以及是否「被接納」。

但這樣的比較，卻也無形中加深許多婆媳之間的誤會，女兒跟媳婦的角色，本來就無法也無從比較。母女之間的關係與感情，回想自己與母親的關係便可得知，我們一方面認同母親的角色，另一方面又會想要活出與母親不同的樣貌與獨特。母女關係，除了血緣，還有長期以來的相處、彼此的默契以及對自我的價值認定與未來生命的追求。而婆媳關係的本身，是因為「丈夫」的存在而成立，沒有太多的共同經驗，有的只是如何共處的藝術，且更仰賴的是彼此的尊重與信任。

讓我們回到自己的感覺本身，獨立看待彼此的關係，免去比較帶來的不平與失落感，以免我們無法真實感受彼此的關係。

不管是婆是媳，彼此都該擁有空間

很多時候，當換了一個環境，會讓人很想「重來」。不論是國小、國中、高中、大學階段，可能對於交友、師生關係、課業等狀態的不滿足，便會想藉由時空環境的轉換，再一次經營與重建，重建幫助我們相信自己還可以做些什麼，也不會花太多的力氣再去收拾過去的殘局，因此對很多人來說，換一個環境重新開始，可以再一次重新創造自己想要的生活。

我也看過許多的人，過去與母親的關係既糾葛又複雜，在結婚後，便想在婚姻當中重新建立新的「母女關係」，想要重新再來一次，確定自己是可以與母親擁有好的關係的，想要再次獲得關愛。

然而，母女關係畢竟與婆媳關係大不相同，我們期待從婆婆的身上獲得如母親的關愛與認同，也會遺忘母女之間的情感糾結，不只是因為需要母親的認同，也是因為自己渴望獲得關愛與平等。婆媳若能夠親同母女當然是件好事，但若無法，也不完全是因為自己不夠努力或婆婆不夠好。也需要體認到，婆婆是因結婚而擁有的家人，彼此的情感若能在尊重的前提下，面對對方的不足與意見不同時，適時的「睜一隻眼，閉一隻眼」，或是盡量找出彼此都可接受的方式，讓彼此皆擁有空間。

不只是兩個女人的事，也是丈夫的事

很多媳婦都認為，在與婆婆的關係裡面，先生是重要的緩衝劑與協調者。研究確實指出，若丈夫覺得婆媳問題就只是兩個女人的戰爭，認為時間自然能解決問題，然後避而遠之，往往婆媳之間的關係也不太好。

先生的角色，往往是處理婆媳問題的關鍵，不論是態度、處理衝突的方式、處理的時間點，都影響著婆媳之間的關係狀況。丈夫不只是當中間者或調停者，而是看清楚婆婆與妻子若站在對立的兩端，勢必會感受到雙方不停的在說服自己投向她們的陣營，人多勢眾之外還能證明自己是受到支持的、是對的！

然而，先生若能讓婆媳雙方都感受到支持，並進一步將雙方都納向同一陣營，婆媳就不是對立的兩端，而是彼此需要合作的對象。當然這過程並不容易，要聆聽彼此的苦與怨，也要聽懂彼此的擔心與需要，讓雙方知道我們不是為了對抗彼此或想讓對方受傷而存在，而是想要互重互信的前提下相處，才不會最後協調不成，卻落得兩邊都不是人的困境裡。

你，其實很好

1. 我們可以選擇成為溫柔似水的女性，卻拒絕再當可被潑灑的家庭物品。
2. 免去比較帶來的不平與失落感，以免我們無法真實感受彼此的關係。
3. 先生若能讓婆媳雙方都感受到支持，並進一步將雙方都納向同一陣營，婆媳就不是對立的兩端。

姑嫂之間，當朋友還是當「家友」？

淑慧與男友交往時，便知道男友有三個姊姊，男友也曾帶她一一向她們介紹。三個姊姊感覺都不太一樣，但淑慧都有點戒慎恐懼，除了感覺這是讓她認識姊姊，也是給姊姊「鑑定」這個女友。

結婚之後，三個姊姊對她的態度都不太一樣，大家感覺很照顧所有人，每次家裡有吃喝，都會問她要不要到公婆家坐坐一起吃，平常也會跟大姊討教一些婚姻上的狀況，問問她可以怎麼處理。但是感覺跟二姊、三姊相處的時候總是隔著一點什麼，往往跟他們搭話，馬上就會被句點，感覺她們好像不是很想跟自己說話。本以為她們應該是不愛說話，可是卻發現她們跟其他家人都聊得很開心，讓淑慧格外感覺或許自己沒被她們當作一家人。就連加她們的臉書想拉近關係，交友邀請卻遲遲沒收到回覆。淑慧擔心，是不是她沒有找到相處的技巧，才讓她們連臉書的好友都不想加……

媳婦在家中除了在意要如何與婆婆的相處外，許多人也面臨如何與大、小姑相處的問題。我們戰戰兢兢，畢竟在新嫁入的家庭當中，最熟悉的只有自己的先生，其他的家人就算同處一個家當中，但個性與脾氣各不相同，不論是新婚或是嫁入許久，我們都會說：「嫁進去了，就是一家人」，卻也因為「家人」兩個字，讓人衍生了許多對「家人」的期待，希望彼此能夠親密、情如姊妹。可是實際上這樣的關係又跟家人這麼地不同，擔心做錯了事，會得罪小姑，彼此的關係就會從此有了嫌隙而小心翼翼。

明明想當家人，可是卻又感覺我們的關係離家人這麼遠。若是成為點頭之交，不要有太多交流，又擔心會不會彼此太疏遠，被其他家人嫌棄，怪自己沒有融入別人的家庭裡。

能以姊妹相處是運氣，跟努不努力無關

在與小姑的相處中，太過靠近，會認清自己「真的不是家人，是外人」而感覺受傷；太過疏遠，就擔心自己的行為舉止不被人所接受，甚至因此被人說嘴與嫌棄。這樣的狀況讓我們感覺兩難，不知道該靠近還是疏遠，好像不管怎麼做，自己都會感覺到受傷。

你努力在嫁入的家中察言觀色，想觀察與了解這個家的人是如何互動與生存，也努力想跟大姑、小姑們套關係，與他們聊天，偶爾送送小禮物，雖然不期待她們可以跟自己多要好、多親密，但至少能夠在她們的心中擁有好印象，感覺不交惡了，彼此應該就可以相處愉快了。

可是你卻發現，不管怎麼認真，好像小姑還是跟自己很生疏。又或是平常相處還算可以，但是每逢假日大家都回到家裡吃飯，小姑卻是等著自己下廚，完全沒有打算幫一點忙，甚至還會說今天的菜不好吃。吃完飯後，卻又自己一人整理餐桌、挽袖洗碗，其他人都在客廳裡看著電視吃著自己先削好的水果，不禁感覺心酸，怎麼平時的努力融入想要成為一家人，卻在家務上感覺自己不是同家人的孤單與心酸。

有時你會想著可能是自己不夠努力，要自己忍耐這樣的狀況，因為可能就是自己做的還不夠，所以才會無法完整地融入其中。可是隨著時間過去，內心卻愈來愈失衡，平時只有你在努力顧著公婆，可是每當公婆買了什麼，都是先給小姑，卻不是先想到自己。

期待看到公平，本就會受傷

或許我們都被教育著，要努力地融入家庭，以為只要努力了，別人就會對自己好了。但卻也忘記，可能他人有他人的狀況，對小姑來說，那是她成長的家庭，她仍在當「女兒」，可能尚沒有機會理解到，也沒有體會到他人到另一個家中生活的孤單。就算小姑也嫁作人婦，能理解嫁到人家家的苦，也不代表她所感受到的跟你一樣。

此時反而需要認清，「相處不來」是應該的，畢竟是你的先生選擇了你，姑嫂沒有要不要讓你來當自己的嫂嫂或弟妹的決定權。若剛好她們喜歡你，那真的是你的好運，讓你們可以形同姊妹。我們需要調整好自己的期待，在可以做到的範圍裡努力，但也要有一個心理準備——自己與姑嫂本來就不是因為「彼此喜歡」才在同一個家裡。

因此，期待在姑嫂關係裡面看到公平，就注定會受傷。我們成為姻親，不是因為打從一開始就喜歡彼此，而是因為你是丈夫的姊妹。你願待我如姊妹，是我的福氣與好運；若不能，也是正常的，畢竟她也無法挑選她要怎樣的弟妹或嫂嫂（公婆的影響力通常遠大於小姑），她只能接受。

我們不用強求自己要討所有人的喜歡，要跟所有的姻親都有不錯的關係，或在她們心中都要有好的印象，但可以努力做自己想要做的事。不要求一定要討好到對方，讓小姑滿意自己的所有，但求自己可以感到問心無愧。

姑嫂互動四訣竅

在姑嫂關係當中，「適度」地盡力，是我們需要練習的。可以嘗試做些舉動，讓彼此的關係可以往好的方向發展。

一、拿捏彼此關係的距離——「家友」關係

先要在心中重新界定你與小姑間的關係。其實我們的心裡都清楚，再怎麼把彼此當作一家人，還是不能完全都像原生家庭一樣，做什麼都可以被體諒，也不會因為結了婚，即使有了嫌隙，彼此就能跳過藉由多年相處與互動，而提早磨合出一個衝突後的解決與相處之道。

姑嫂彼此的關係與其說是「家人」，更貼切的位置是「家友」，意即同屬一家的朋友。就跟室友一樣，我們因同住在一個地方而彼此有了連結，彼此分享空間，幸運跟室友的嗜好個性差不多，彼此一見如故，可以成為「感情非常緊密的室友」；假如剛好彼此不對盤，但又剛好分配在同一個宿舍裡面，也可以找出彼此都舒服的距離互不干涉，但沒有什麼事情的話也不至於彼此交惡。

二、適度的肯定與欣賞

我們將小姑視為家友，若能傳達出「我是盟友，不是敵人」的訊號，較為容易感受到彼此不是競爭的關係，而是同在一條船上的夥伴。每一個人都喜歡被肯定與欣賞，因此表達一些欣賞與肯定，讓對方可以感覺到你的善意與想要靠近彼此的心，我們也能夠比較感覺到對方的在意與用心。

有時候，彼此的在意可能不在言語當中，而在行動裡。還記得有一次我到公婆家煮飯給大家吃，其實公婆家的人都不嗜辣，但愛吃辣的我還是燒了一盤麻婆豆腐，想著不要加太辣就好了。但沒想到，鮮少下廚的我失手下了太多的豆瓣醬，連我自己吃了都覺得超辣。雖然開飯時，提醒了先生的家人們我不小心弄太辣了，怕辣就不要吃這盤，但是卻看到很怕辣的小姑，還是努力地舀了好幾匙，看到她明明感覺很辣，卻告訴我說「我可以的」，那時內心真的感覺到無比的感動，雖然她沒有直接說什麼感動的話，卻可以感受到自己煮的菜被捧場。

三、角色互換，將心比心

有時我們也要看見對方的努力，或許他們的努力很微小，或是像我的小姑一樣想要努力吃我煮的菜，其實若能夠換位思考，替他們想想他們的付出與努力，也比較能夠感受到對方的善意。

有時將心比心，畢竟小姑也要適應著一個從不認識，只是自己兄弟的另一半的人，進入自己的生活圈與家庭當中，不適應、不熟悉也是應該的，而且每個人面對不熟悉與不適應的狀況時本來就會有不同的應對方式。

我們能做的，就是理解，然後溫和的告訴對方哪些部分會讓你不舒服，但你的目標不是為了要指責她的不是，而是想找到彼此都可以舒服適應的方式相處下去。尤其意見相左的時候，更需要站在對方的角度思考。

四、停止將丈夫變成「夾心餅乾」

正如同不要將小姑或是先生家裡的其他人都當作敵人，我們也要停止將先生變成夾心餅乾。尤其在與另一個家庭的互動當中有衝突的時候，當你覺得嫁入另一個家，自己是一個孤單無助的外人時，更會期待自己的先生能夠站在自己的同一邊，認為這樣就能有更強大的力量，自己的聲音就不會被埋沒在公婆家中的聲音裡。

當然丈夫是一個非常重要的角色，如果他只挺自己家人，你會感覺自己真的被排除在外。但有時，或許先生只是在某些事情上，想要找到老婆與自己家人都可以感受舒服的平衡點，或許他的確也有因為自身喜好影響了選擇，我們卻因為已經先認定了自己「以寡敵眾」，希望伴侶能夠支持自己，其實也在無形當中，要求先生「選邊站」。而丈夫註定只有一邊能當人，甚至成為兩邊都不是人的夾心餅乾。

但老婆要的，並不是先生的為難，而是希望他能夠理解自己，讓自己感覺不孤單。重要的不是先生能不能「完全按照自己的話去做」，而是希望另一半能把自己的需求當一回事，認真地聆聽與思考。重要的便不是他要支持誰，而是他能不能夠讓你感覺自己不是孤單的，且能當雙方溝通的橋梁。讓先生明白你的需要，而不是讓他解決老婆與媽媽落水要先救誰的千古難題。

當我們能夠認清：我們與小姑的關係，不是敵人，不是親人，而是同在一個家中的家友，亦是家人也是朋友，秉持著彼此尊重，互相體諒的關係。能夠找到相互體諒與尊重的小姑，是你的幸運；若無法，我們就找到一個你能感覺舒適的距離，不需要總是靠得這麼近，換得互相傷害的關係。

聽到抱怨，切記自己只是聆聽者

與小姑相處時，我們是同在一個家的朋友，你因為與先生結婚與小姑有了連結。可以與她彼此尊重，不用將自己完全視作外人，因為你的確與先生結婚而牽起兩家人的關係，因此不需要因為覺得自己「嫁入別人家」而委曲求全，覺得自己的需要總是被捨棄。

與此同時，你也不是小姑真正的親人，不需要拿出權威與輩分的力量來展現自己。尤其當婆婆抱怨小姑的大小事時，千萬扮演好一個「聆聽」的角色就好。

就如同有時候好友一把鼻涕、一把眼淚地抱怨著另一半多糟糕、多差，若你加入與好友一同抱怨、甚至去責罵對方，最後卻發現他們突然和好，好友說那只是個突發事件啦，他真的是個好人，你卻覺得自己裡外不是人，對方另一半也把你視作假想敵。其實對方只是在「抱怨」，需要情緒的出口。當我們答腔一起加入責罵的行列時，就把被抱怨與責備的對象放到了「敵方區」。

其實，好友抱怨另一半時，需要的可能只是「你能理解我的苦」，不需要真的把他的另一半當作敵人。婆婆的抱怨也是，可能不是真的想要說小姑不好，尤其小姑是自己親生的女兒，怎麼可能真的把她當作「敵人」呢？

就像有時候，也會覺得自己的爸爸或媽媽哪裡惹了我們生氣，而向朋友抱怨。可是，當別人說自己爸媽不好，或對自己的爸媽態度很差的時候，也會感覺不舒服，我抱怨爸媽不好跟你可以對我的爸媽不好是兩回事！因為抱怨的時候，不是將對方視作敵人一樣要跟他作對，而是情緒上不舒服，想要找到一些抒發的管道。

把握住自己是「家友」後，比較能夠適度拿捏彼此的距離。不需要過於客套讓人感覺過於疏離，但也不能認為彼此是家人而過於隨便，也容易因此產生衝突。彼此以禮相待，相互尊重。

你，其實很好

1. 我們不用強求自己要討所有人的喜歡，要跟所有的姻親都有不錯的關係，或在她們心中都要有好的印象。
2. 我們能做的，就是理解，找到彼此都可以舒服適應的方式相處下去。
3. 讓先生明白你的需要，而不是讓他解決老婆與媽媽落水要先救誰的千古難題。

第四章

找回被遺忘的自己

練習聽見內心真實的聲音

一直以來，你聽父母、老師、情人、長輩的意見……你的一生中，花了多少時間在聽別人的意見呢？什麼時候輪到聽聽自己的意見？一定要明白的是，這世界上每個人是這麼的不同，因此嘗試表達自己的需求，是人生的必修課。別再為他人而活，為自己而活吧。

找回自己的初步練習

子維已經知道有時候自己會為了討好他人，而放棄自己的想法與感受，他也已經知道自己會因為別人忽視自己的感受與想法，而感覺委屈。可是，當大家說要愛自己的時候，子維卻開始很困惑，怎麼樣才是愛自己？

有時候子維還是會忍不住替別人著想，面對很多狀況還是忍不住會生氣，覺得自己很糟，他真的不知道該如何做才能夠真的愛自己，不再有這些委屈與憤怒。但是看身邊的好友面對同樣的狀況時卻好像都可以接受，不會因此而生氣，是不是他哪裡做得不夠好？還是還不夠肯定自己？讓他還是會停留在這樣的糾結裡？

「愛自己」，雖然是大家漸漸耳熟能詳的口號，然而也變成許多人自責自己的方式。愛自己雖然聽起來簡單，卻不只是「知道如何去愛」而已，而是可以開始漸漸理解自己，了解自己的情緒與需要，練習停止過度在意他人的眼光……等等許多的練習，而能夠愛自己，並不會像按了一個按鈕，馬上就變得會愛自己再也不會委屈自己了。開始願意疼愛自己，其實除了要有想法的轉變，也要有轉換想法的「習慣」，而習慣的改變與養成，需要時間慢慢練習。

我常常以賴床為例，即使我們知道賴床會遲到，希望不要再賴床了，卻很難在下定決心之後從此再也不賴床。我們仍要預訂睡覺的時間提醒自己要放下手機趕緊上床；然後在鬧鐘響起時，鼓勵自己起床，停止再一次要賴地「多睡5分鐘」，都需要每天持之以恆的練習，才有辦法慢慢減少賴床。

善待自己也是，即使知道了可以如何更加重視自己的方向，但不代表接著就一勞永逸，從此就能夠一直愛著自己了，我們也需要給自己一點時間，也給自己多一點鼓勵，反覆練習善待自己的方式，才能慢慢地對自己的改變愈來愈有信心。

別為了他人肯定，忘了自己的樣子

尤其，當我們太過習慣以他人的眼光來看待自己並定義自己的好壞，突然要靠自己決定自身的價值，要開始練習滿足自我的需求，這需要跨越的不只是滿足需求與愛自己的「行動」，而是在行動的過程當中，練習理解自己太想成為別人心中的「好人」，而太過於渴求他人的肯定，使得我們在這個渴求當中忘了其實只是想要「獲得肯定」。

當太過害怕不被肯定的時候，便會忘記自己其實只是太渴望肯定，以為只有滿足他人的期望才有被肯定的機會。於是遺忘了對自己的認識，忘了了解自己的優點，忘了找到自己的目標，反而完全化身成別人想要的樣子。我們也會離自己愈來愈遠，眼睛只剩下他人的期望，而找不到可以為自己做些什麼事。

別讓客觀影響你的主觀

當你決定要開始重視自己，就已經走在讓自己更自在的道路上。小時候，可能我們都被教導著忽略自己的感覺，別人的感覺甚至會比自己的感覺來得重要。寒流來臨時，常在網路上看到許多寵物的主人紛紛為寵物穿上保暖衣物，深怕寵物著了涼，看見明明是不太怕冷的哈士奇也被套上了許多衣物，便在下面留言：「有一種冷，叫作媽媽覺得你冷」。

這個互動雖然只是一些尋常朋友的對話，看起來好笑，卻也顯現了我們從小被對待的模樣，假如你仔細觀察親子之間會發現「你還沒吃飽，因為碗裡的飯還沒吃完」這樣的對話，似乎也經常出現在彼此之間。我們會覺得「飽」的感覺與「碗裡的食物被清空沒」有關。氣溫一定決定了每一個人（或生物）對氣溫冷熱的感受，否則就是「他的感覺壞掉了」。

寒流來襲是一種「外在標準」，而非內心真正的感受，我們習慣以這些外在標準來決定感覺，認為自己應該要「覺得冷」，甚至以此判定他人對冷熱的感受，但有些人就是比較耐寒，有一些人比較怕冷，假如我們習慣僅由外在標準來決定所有的感受，將漸漸遺忘如何感受自己的感覺。

不論味覺、觸覺、視覺……等五官感受，或是潛藏在身體深處的喜怒哀樂的心情或是喜好，都是屬於個人的感受。這些主觀感受幫助我們去找到適合自己的人，了解屬於自我的個性與特質，也可以選擇自己想要的生活模式。當你放棄了自身的感受，也拋下了為自己選擇的可能性。

為何要拋下感覺，開始由別人來決定自己喜歡什麼、不喜歡什麼？我記得有好一陣子，我一直以為自己喜歡的是粉紅色，一來是小時候看到別的女生喜歡粉紅色，覺得粉紅色的確應該是要被我喜歡的顏色，就一直誤解自己喜歡粉紅色好久。

直到近幾年開始練習注意自己的喜好，發現當我用直覺選擇水瓶、雨傘等物品的顏色時，比起粉紅色，我更想要橘色、藍色。這才發現，我誤會自己喜歡粉紅色好久，進而開始找回並相信自己的感覺之後，我發現在買東西時，減少了許多問別人「哪個比較好看？」的機率，反而看到別人與自己的選擇不同時，腦中閃過「那個我不喜歡」取代了「那樣不好」，別人的眼光不再決定我對於自己喜好的評價。

試著練習，找回你的「旁若無人」

當習慣聽從別人的意見，遵循別人的想法時，要突然找回自己感受的能力其實並不簡單，但這是可以練習的。依賴其他人的想法與感受來決定自己的選擇，是因為我們太過在乎他人的想法與感受，也因此過去也花了好多時間練習忽略「自己的感受」。當把太多的重心與注意力放在他人身上，也就減少注意自己的機會。

開始練習把多一點點的重心與注意力放在自己身上，就需要先練習「旁若無人」。譬如：當吃了某道菜，可以想像這世界上若只剩下自己一個人，那會說這道菜的味道是鹹的、辣的還是酸中帶甜，而我喜歡這樣的調味方式嗎？想要再辣一點還是想要鹽放少一點……

這個練習，讓我們從對外界的注意回到自己的感官上，進而找回「旁若無人」的感受，只要我們還沒有表達出自己的感受，其實並不會影響他人或讓別人馬上覺得自己很奇怪，畢竟只是在這個世界裡，享受一下與自己感受相處的時光。

當然，過去很少體會自己的感受的人，突然要開啟感官一開始會有點辛苦，會不確定自己的感覺是不是「對的」，會想自己是否會太敏感或是太遲鈍。請練習先不去評價或討論自己的感覺的「對錯」，而是單純的問「我的感覺是什麼？」才能開啟真正的感受，不只是將重點放在對錯。

不依賴他人，開始相信自己的感受

「凡事過猶不及」，是我很喜歡的一句話，也幾乎成了我的人生哲學。以前很不喜歡自己，認為自己該有主見的時候太沒主見，該順從的時候又太有想法，不願輕易跟隨他人。現在我發現「中庸」這樣的生存之道，可以幫助我在許多時候找到一個平衡的點。

相信自己的感受也是。當你是一個太過習慣相信與依賴他人意見想法而遺忘自己感受的人，「相信自己」便是需要找尋回來的能力。不用擔心相信自己會犯錯，也不用擔心會影響他人對待自己的模樣。我們只需要練習相信自己，反而在許多時候，可以看見自己用不同的方式去選擇。

以往我們容易習慣仰賴他人的意見，不用擔心是否會因為「自我感覺良好」而犯錯，導致喪失為自己感覺的能力。但其實不須擔心感覺的對與錯，因為感覺本來就會因著環境、心情、天氣而有所改變。可以聆聽、體會自己的感覺，相信並尊重自己的感受，才可以在每一次感受時，更加了解這次的感覺可能是受什麼影響，又可以怎麼去面對與因應。

感覺沒有對錯，但我們可以慢慢找到影響感覺的因子，譬如天氣熱，就喜歡吃清淡一點的食物；天氣冷，就想要嗑一下麻辣鍋。再提醒一次，感覺本來就會因著不同的狀態而改變。不用太快去評斷，反而要相信自己的感覺，才能更理解是什麼影響了自己的感受，才能在不失去自我感受的情況下，找到與他人互動的方式。

找回自己的感受，其實，你可以這樣試試看：

1 每一天睡前，給自己5分鐘的時間，只專心著「呼吸」。

- 吸氣時，感受空氣從鼻腔、喉嚨、氣管再流動到肺的感覺。
- 呼氣時，感受空氣從肺到氣管、再從鼻腔呼出。
- 分心時，沒關係，再次把注意力回到呼吸與空氣在呼吸道的流動感即可。

2 在感覺到有情緒的時候，練習停下來詢問自己：

- 「我現在的感覺／心情是什麼？」
- 「我有怎麼樣的想法？」
- 先不急著批判，也不急著告訴自己這樣的心情與想法有沒有道理，先純粹的詢問、聆聽自己。

「失控」是需要練習的

有一天，文芬忘了帶手機出門，有種突然失去什麼的恐慌感，在發現忘了帶手機的那刻開始急速滋長。

當時她想著：「哇！沒有手機我就沒有了今天所有的工作行程」，若剛好她也沒有帶電腦，會開始擔心著會不會有工作的電話或 E-mail 急著要她回覆但文芬卻沒有看到，擔心家人朋友會不會突然傳什麼訊息或打電話跟她說什麼而她接收不到。當然，坐捷運公車的時候，突然發現沒有了手機，不知道自己可以做什麼打發時間、沒有手機可以讓文芬在空閒的時間可以稍微滑一滑，看看大家新的動態消息……

現今的生活比過往方便非常多，因為資訊的神速發展，讓人類生活更加便利，資訊的獲得管道也愈來愈多，增加了我們對生活各種事物發生的可預測性。例如可以藉由知識與科技的累積，預測颱風會不會侵台、每天的溫度變化；藉由機器的設定功能，要求掃地機器人什麼時間打掃家裡，甚至可以即時傳送它掃到哪裡了、告訴我們它掃完了沒有；藉由通訊軟體的已讀功能，可以知道對方是否看到訊息，也藉由社群軟體知道朋友發生了什麼事、去了哪些地方。

這些科技的發展，無形當中讓我們充滿著對生活的控制感，我們幾乎可以掌控生活中的大部分元素，這使人有安全感；可是同時也因為習慣這樣的高度控制感，若是突然無法再像之前擁有這麼多的控制感時，我們會有一種失控的感覺，也開始對於控制感的需求提高許多。

以前在還是智障型手機的時代，手機就是拿來講電話跟傳簡訊而已，方便性跟現在差異極大，現在我們不太需要跟朋友／同學聊天，只要他分享在社群軟體上，就大概可以知道他最近發生了什麼事；也可以透過許多的ＡＰＰ掌控資訊，包括路況、天氣、新聞等等。不再需要如以往出門前，就把所有的資訊都盡量先蒐集好，只要拿起手機，好似無所不能。

的確某部分來說，這是過度依賴手機，有人會稱作手機成癮。但同時，手機許多的功能也帶給人許多掌控感，可以輕鬆規劃時間、管理行程、即時通訊、並即時做好許多的生活紀錄。你可能還記得，求學時期總是花許多的時間等公車、坐公車。有些公車好等，幾分鐘就來一班，有些公車班距很長，或是在離峰時刻，要等個30分鐘才會有一班車出現。

以前的我們，對於班距長的公車可能會等得不耐煩，也會想說：「公車怎麼還不來？」有時也會擔心自己會不會錯過了某一班車所以才等這麼久。我們可能會去看看公車站牌，確認要等多久。也會看看周邊的環境，或是坐著想事情發呆，度過漫長的等公車時刻。

可是對於班距短的公車，就不太有什麼明顯的感受，就算等15分鐘以上都覺得在可以接受的範圍之內，除了真的在趕時間，否則那15分鐘其實不痛不癢。公車來了就上車。最近有一次出門，一如以往的在等著公車，想要拿起手機看看公車幾分鐘才會到的時候，才發現自己忘了帶手機，這時我突然感覺到失去了控制感。不知道自己現在要做些什麼，沒有手機讓我無法確定目前公車到哪裡了，明明不趕時間，卻不斷焦急著：「我到底還要等多久」。

那時候我才發現，我已經在不知不覺中仰賴公車的APP帶給我的控制感，每到公車站牌，我會先確認要搭的公車幾分鐘後會到，然後核對手錶確認到達時間會是在幾點幾分，假如要等超過15分鐘，我要不要先去買個飲料再回來，若不用15分鐘車就到了，就可以玩一下遊戲，等時間到再抬起頭來看公車到了沒，並準備上車。公車ＡＰＰ讓人可以完整控制、安排每個時間，於是我對於「精準」就有著一股莫名的執著，偶爾因為沒有手機而無法精準地掌握時刻，反而讓我失去了控制與安全感。

究竟是你控制了生活，還是生活被控制？

在科技生活當中，可以從各個面向當中獲得我們所想要的控制感，可能是時間、可能是對於別人又發了什麼最新動態的掌握度，甚或是另一半的行蹤，有時正因為安全感，而需要對生活有些掌控。

但若過度地仰賴著「控制」來平復內心的不安的時候，也會落入「控制癮」裡面，一旦所能控制的程度低於以往，就會突然感覺失去些什麼，要恢復到過去「高度控制」的狀況下才能夠感到安心。但是，那不過只是一種習慣，漸漸變成了「癮」。這種癮，不會像毒品一樣真的傷害你的身體，卻會讓你在沒它的時候感覺不自在。就像「糖癮」或是「咖啡癮」一樣，你的身體不需要這麼多的糖與咖啡也能好好活下去，但卻不知不覺習慣它們的存在，然後感覺自己對它們的需求愈來愈多，沒有它們，感覺今天就少了些什麼，做什麼都不對勁，甚至後來變成需要更多，才會感到足夠。

以咖啡癮來說，我們可能會以為只有每天要喝兩杯咖啡身體才會感覺足夠，否則就會頭痛不舒服，反之控制癮會讓人以為，只有像以前一樣汲取這麼多的控制感，才會有安全感，否則就會恐慌、焦慮、不知所措。

偶爾，我們也需要練習失控

成癮後要戒癮，要開始脫離原有的習慣，這當然會感到不舒服。就像開始減少每日咖啡的杯數，會有一種怪怪的感覺，心裡感覺少了些什麼，偶爾會感覺到頭脹脹的、不舒服。

但若我們急著擺脫這些因為戒癮而有的頭昏腦脹，就會想用最快卻未必最適合的方式來解決身體上的不適。可能馬上棄械投降繼續回到糖與咖啡的懷抱，想著反正這又沒什麼大不了的，就會再度回到原本的習慣裡，甚至出現「我就是戒不掉」的挫折感與無助感當中。可是當我們不急著快速擺脫這種生心理上的不舒服，反而練習停在這些不安的感受裡，或是幫自己轉移注意力，會發現自己漸漸可以忍受那些不舒服的感覺，頭也慢慢不這麼痛了，在這樣的過程當中，那些戒除依賴的不舒服感受也稍稍降低了。

控制癮也是一樣的，當我們太過於習慣高度控制感，會以為只有感覺到這麼多的控制感才能夠感覺安全。就如同父母遺忘孩子已經長大，可以開始決定自己的生活，他們在孩子小時候給予很多的管控，突然孩子長大，開始有自己的意見與想法，不再像小時候那麼地容易被自己約束與影響，父母也會有對孩子失去控制感的感覺。但那個是來自內心的不安，不知道該如何去面對與處理自己內心不安的感受，以為只有透過提高控制感，才能重新獲得內心的安全感。

其實，當人處在不安的時候，是不太知道自己在怕什麼的，只是停留在「缺乏控制感，我會被不安給壓垮」的恐懼裡，為了躲避這個恐懼而拚命的繼續滿足自己的高度控制感，卻讓我們遺忘，或許一開始，我不需要公車ＡＰＰ，只要能夠不要等超過20分鐘的公車，我都可以感覺輕鬆自在，提早等到公車甚至還能為自己的「幸運」開心，這是一種超出預期的喜悅。

我們的生活的確很需要控制感，這些控制感可以使人感到安全，可以未來有一點預期、也可以提早預備可能遇到的危險與困難。一個總是感覺到生命無法控制的人，時常會感覺到不安、難以確認自己是安全的，這時候更會想要在可以抓住浮木時拚命的抓緊，來讓自己可以感覺安心，讓焦慮的心安定下來。

但為了害怕那些不想要的結果、不舒服的感覺，讓自己沒有機會去冒險。偶爾去體會「失控」，或許你會發現「失控」帶給我們的不只有不安，還有一些跨越原先限制的突破感，也會發現內心對於各種不同狀況的接受度提高了許多，勇氣多了一些，也比較能夠容忍與處理許多非預期的狀況，無形當中也更相信了自己一些，也更相信這個環境了一些。

讓自己的控制感放一些假。它不需要時時上工，你也可以活得很好。

讓自己不過度害怕失控，你可以這樣試試看：

- 先從小地方開始練習「停止控制」，譬如你是手機成癮者，可能讓自己「忘記」帶上手機一天，或是讓自己在一個星期當中的某一個半天，關機不去關注任何「網路上」發生的事情與訊息。
- 當要練習停止控制，你一定會有一些不安感浮現，會讓你有點不舒服。先停在這個不舒服的感覺裡面，不急著用習慣的方式（譬如：看手機）來降低不舒服的感覺。
- 問問自己，若不這樣做，最糟會有什麼樣的狀況發生？這個最糟的狀況我能夠處理嗎？

學會表達需要，因為每個人如此不同

男友總對珮勻抱怨，要她想要什麼要說，不要總是要他猜。可是珮勻總覺得要說出自己想要什麼很彆扭，好像在跟他討什麼東西似的。更覺得為什麼一定要她說希望他為自己做什麼，這樣一點都沒有驚喜的感覺，也沒有被寵愛的感覺，假如他夠了解她，也夠細心，應該可以發現她早就已經給他這麼多的暗示了，為什麼非得要珮勻「明說」不可？

有一次珮勻跟朋友吃飯……男友問要不要去接她，她心裡ＯＳ：「連這也要問」，卻嘴硬回他「不用啦～看你啊！」這樣模稜兩可的答案。跟朋友的聚會結束，等不到他跟自己說：「你結束了嗎？我快到囉！」珮勻的心裡一陣失望與心酸。

有一次我在一個討論版上看到一則貼文：「我都已經搖搖晃晃，手上還抱著小孩，車上的乘客卻還都低頭滑手機，沒有一個人注意到我，現在的社會到底怎麼了！」下面有許多人附和著類似的經驗，並開始感嘆這世界的人情冷暖，怎麼現在的人都不再像從前一樣了。

在那個討論串的發文與下面的留言中，我突然回憶起自己小時候的身影：我嘟著嘴看著攤位上的玩具，再看著爸爸媽媽，卻發現他們怎麼都沒有注意到我很想擁有一個玩具。那時候其實也感覺自己好委屈，怎麼我這麼想要一個玩具，卻沒有人注意到我的渴望，忙著逛自己的街、看自己的東西。

於是小小的我想到了一個方法，我呼喚了比較好說話的媽媽，指著玩具對她說：「我這次考試考第一名欸，我可以有那個玩具嗎？」那時我才有了信心，找一個「合理的」理由，來表達我的需求。

我們從小就被訓練要體貼別人的狀況，不能造成別人的困擾，要懂得「替人著想」，卻也讓人以為自己該懂得看到別人的內在需要，也期望著別人可以如同自己這麼在乎他人般地看見自己隱約的需求。

可是，期望別人可以注意到自己隱性需求的同時，也遺忘了別人很有可能做不到。他們無法通天眼，馬上注意到我們的需要，可能的確是對方刻意忽略，但另一方面，我們同時也高估了對方透析人心的能力。

多麼害怕你拒絕的是我「這個人」

其實每個人從小到大被拒絕的經驗一定不少，有些人可以輕鬆面對他人的拒絕，但對有些人來說，被拒絕的感覺卻是非常難受、不舒服的，而不論對方是好好的拒絕、委婉地拒絕、語氣很酸的拒絕，都只有不舒服跟很不舒服的差別，只有別人答應自己，才會覺得鬆了一口氣與放心。

之所以會對拒絕的訊息感覺敏感，來自成長過程當中，被拒絕的經驗都不是太好，可能是被羞辱，或是任何小要求都不被允許，長期下來在心中就留下一個烙印：「被拒絕總是讓我很受傷」。於是擔心在提出需求前，會先因為害怕被拒絕，而不敢提出自己的需要。

此外，當對方拒絕自己的時候，我們可能想到「我不重要」、「我不應該有這個需要」，擔心別人認為自己是一個「需要被幫忙的人」、「無法靠自己就完成事情的人」，失去了自己的「良好感」，有一種「我沒那麼好」的感覺，也失去優越感，進而不想提出內心的需求。不提出需要，既不需要麻煩他人，也不需要害怕面對他人的反應，讓自己維持著尊嚴，也感覺安全。

其實要別人總是懂得自己沒說出口的需要，是非常困難的。跟重不重視沒有關係，因為他人未必會像奴才24小時只為主子而活，在主子的身邊就時時刻刻盯著主子所有細微的動作與表情變化；我們也並非皇帝，要別人「為我們服務」。讓我們不敢說出口的，是因為彼此之間，仍有著「關係」。

總是這樣，驕傲讓人折不了腰

高估了他人「看透人心」的能力，卻不知道因為每個人生長自不同的家庭，有不同感受，自然不會馬上就知道你的需要與感受。而對方是需要透過你的表達，才能夠了解到「啊！原來這個對你來說這麼重要啊！」

可以試著更加相信關係中的彼此。相信彼此願意磨合，希望找到雙方期望被對待的方式，讓我們可以不只是委屈的相處下去，而是相互的配合彼此的需要。這樣對他人表達需要的要求，就不只是「要」，而是因為我想要信任彼此，找到一個可以繼續相處下去的模式，所以我的開心與不開心，我希望你如何對待我，都不只是「要求」，而是一個了解彼此的過程。

你可以表達需要，但不等同對方一定要答應你的需要。你可以感覺挫折你的需要沒辦法被他人滿足，但是當被拒絕時，也要記得對方是拒絕「提議」，不是「我這個人」，才不會在被拒絕時，感覺自己不重要所以才被拒絕。練習相信每個人都有不同的考量，努力在彼此的需求當中，找到平衡彼此需要的方式。

練習表達需要，你可以這樣試試看：

- 想一想：過去是否有曾讓我在表達需要時，卻感到羞愧／罪惡感的經驗？
- 對自己說：

◎每個人都擁有自己的需要，都有希望別人滿足自己需要的時候。

◎表達需要，是邀請，別人有拒絕的權利。

◎當別人拒絕我的時候，不代表我不被重視、或是我不好，他只是拒絕了這件事。

- 找一個願意信任的對象，當有需要的時候，給自己也給對方一個機會，先相信他，練習說出你的需求。

好好面對「背叛」帶來的傷害

有一天晚上詩芯和男友出去吃飯的時候，詩芯剛好手機沒電了，想跟男友借一下手機，搜尋一下彼此對話紀錄中曾貼過的連結。不知怎麼的，他推拖了很久，要把手機給她似乎很為難，詩芯直覺有一些不對勁，態度開始變得強硬要他將手機給自己看。僵持了幾分鐘，男友才勉為其難地拿給詩芯，她就開始看他的對話紀錄到底有什麼不對勁。

果不其然，馬上就發現男友跟其他人曖昧的訊息。看著他愧疚及真心道歉的模樣，詩芯心軟了，或許他真的是一時鬼迷心竅，但自那天之後，她覺得我們之前回不去從前的樣子了，只要一聯繫不上他，就開始擔心害怕他是不是去見誰了。他滿臉笑意地傳訊息，詩芯就要努力忍住不要一直跟他要手機看他在跟誰說話。然後，忍不住在不安的時候對他發怒，即使拚命讓自己相信他，她還是很痛苦……

感情當中，被背叛的受傷與痛苦是永遠也無法準備好的。即使你已經預想了可能會被背叛，於是讓自己不要太過於投入感情，也不代表你真的會因此跟對方保持距離，以避免受傷的感情模式感到快樂。

究竟，該拿我的不安怎麼辦？

被背叛之所以會痛，是因為那是與自己最靠近的人，一個全心信賴的對象。發現被背叛的那一瞬間，會有很多複雜的情緒同時湧出。被最靠近與最信任的人傷害，比被陌生人或敵人傷害還來得痛，於是開始對於那個既親密卻又傷害我們的人憤怒——「為什麼我這麼信任你，願意把最真的自己給你，同時也把我的脆弱暴露在你眼前，你卻是傷害我的那個人」。

這些情緒太複雜又太龐大，大到不知道自己該如何消化，大到自己不知所措，讓人努力想著這個問題怎麼會發生？到底發生了什麼事讓我們之間出現第三個人有機可乘？不停地檢討自己、對方、第三者，但一遍又一遍的檢討，都無助於自己能夠徹底的擺脫被背叛的陰影。

若能在發現劈腿的當下，毅然決然的結束關係，或許還能夠乾脆一點的丟下他。但一想到，可能他還是愛我的，只是一時走錯了而已，而自己又是如此放不下，就想抓住最後一絲的可能繼續努力。只是內心依然時常被憤怒、傷心、害怕、被劈腿的羞恥淹沒。當對方看到你的憤怒與不安，又認為你是舊事重提時，你的委屈無助也會再度浮現，明明自己是那個受傷害的人，為什麼反倒要被指責？為什麼不能弄清楚事情發展的原委？

難以停止地問自己「我哪裡不好」

在背叛發生之後，你會花好多好多的時間想：「我到底哪裡做錯了？」或是「我哪邊讓他覺得不滿意？」，不停的檢討自己，好想找出到底是哪裡出現了問題，讓彼此的關係竟然會有他人介入的機會。想著是不是自己太不用心、脾氣太差、花太少時間陪伴對方……你得要努力地一直想，不然不知道要怎麼避免同樣的事情再發生，不知道自己應該改變什麼讓對方可以滿意自己。

你難以搞清楚到底是誰的錯，於是你想問、搞想清楚，到底怎麼回事。你也改變了許多可能會被認為是不足的地方，可是愈努力卻又愈委屈，我明明已經付出這麼多了，為什麼還不夠呢？難道外面那個人真的比我好嗎？

你需要開始練習去區分，他的出軌與你的好與不好是兩回事。縱使你有需要調整與改變的地方，也應該在關係裡面討論與處理，而不是用「逃到另一個關係」來處理關係裡的不滿與衝突。這並不是你不好的錯，而是你們在關係裡，找不到一個可以讓對方聽懂自己也理解自己的雙向道。

劈腿只是一個重要的訊號：是你們的關係出現狀況了，跟第三者多麼優秀、多麼滿足另一半的心沒有絕對的關係。每一個人都有他的個性，而每種個性本來就會有相應而來的優勢與不足。你需要相信的，是你們的關係觸礁了，而不只是你或他有了什麼樣的問題。這樣的你，能夠停下無止盡的自我檢討，而是開始看見你們的關係從哪裡出現分歧，看是要順著這道分歧從此分道揚鑣，抑或是將這分歧作為你們可以重新靠近的重要契機。

對受傷的心好一點，給它時間療傷

被劈腿後的傷，會跟著我們一陣子，它不會睡醒了就忘了，你會懷疑自己的價值，也會開始變得疑神疑鬼或心神不寧，不用太快想要屏除這些心痛的感受，想若無其事地繼續生活。多給自己一點時間讓複雜的情緒得以釋放，這些情緒就是這麼多、這麼大。

最重要的是，當你無法說服自己：「我很好，他的劈腿跟我的好與不好無關」，即使你奮力地告訴自己他的劈腿真的是關係的問題，不是自己的問題，你還是懷疑著自己哪裡做的不夠，懷疑著第三者比較受人喜愛，與其強力壓著這些你理性知道，內心深處卻絲毫無法接受與相信的想法，不如好好的承接那些內心真正的想法—「這部分，我可能真的做得不夠」。

承接不足的感受，接受自己的不足，承認自己在這一部分的的確可以有改變的地方，你可以有所改變，但你仍然值得被愛、被喜歡、被珍惜。接受自己的不足，不代表你就應該被欺瞞、被傷害，你仍然，值得被好好對待。

練習看見自己的受傷，你可以這樣試試看：

- 想一想：

◎當我在關係裡受傷了，我出現了怎麼樣的情緒？

◎什麼想法在這個時候冒了出來？

- 停止無止盡的自我檢討、檢討關係。
- 安慰內心的受傷，而不是趕快把關係裡的問題整理好。

被討厭了，也還是要生活

以前，宥美以為自己的人生都在努力讓別人滿意與開心，後來才發現，她是努力不要讓別人失望與生氣。那些他人的難過、不滿，常讓宥美認為自己不夠盡責地將事情做好做滿，腦海內充滿著許多如何讓人滿意的解決辦法。

有一次跟朋友逛街、吃飯，朋友說想要吃義大利麵，她順口說了聲：「好啊」，他回頭望了宥美，問說：「那妳想要什麼？」這時宥美竟然愣住，感覺自己好像有想要吃的東西，可是卻在一秒內馬上把這個內心的想法拋諸腦後，成全朋友想要吃的東西。回家之後她不斷地在想：「為什麼我不敢說出我內心的想法？」雖然的確可以配合對方，但是為什麼她連自己想要什麼都不願說出口呢？才發現，她好害怕朋友會因為自己說出了想吃別的而感到為難，也擔心會不會他因此有不舒服的感覺……

我們可能從小就被訓練著要懂得體諒他人，要約束自己的行為舉止不要造成他人的麻煩。同時也被教育著「要做些什麼」，才會被喜歡與接納，於是努力了做好多的事，希望自己被認可。小時候努力讀好書，獲得好成績，以得到父母的讚賞與肯定；長大後，努力在工作上有成就，讓自己成為親戚鄰居口中的有為青年；同時也努力在工作當中表現自己、展現才能，讓主管、同事知道你任勞任怨……於是在各種關係當中，總是反射性地找尋能夠讓別人滿意的方式來過自己的生活。

但只有條件優渥，獲得認可，才能獲得幸福嗎？

過度討好他人，也因此失去自由

小時候懵懵懂懂，什麼都沒想就會開心，拿到玩具就感到開心，可以出去走走就感到開心，吃到好吃的食物也會感覺開心。

長大的過程中，從生活當中學到，有時要讓大人們開心或滿意，才會獲得那些我喜歡的事物，譬如當大人要我們吃完飯才可以吃零食，就要先讓他們認可我完成吃飯任務了，才能去吃自己喜歡的糖果餅乾。也發現當自己做出讓大人們開心的舉動，能讓父母開心，自己也感到滿足與喜悅，進而將這樣的相處模式，用在未來的人際關係上。

最初，我們從他人的開心與滿意中，感覺自己被喜愛，也感到被注視與看重，但當努力表現卻沒有掌聲的片刻，會感覺到失望與失落，為了避免這些失望與失落，於是更加拚命，更努力想要表現得更好，以為這樣別人就會看見自己了吧！

在意他人不完全是件壞事，活在群體生活當中，在意他人的感受能讓我們在滿足自己需求的時候也能同時顧及他人。但若過度想要追求他人的眼光，我們便不知不覺為了討好他人而行動，為避免讓他人不喜愛自己而放棄自己的需要，漸漸地我們也用別人的眼光與喜好來過生活。

先接受被討厭，才能更了解自己

當太過害怕因為他人不滿意或不認同自己，會讓關係崩壞或讓我們不再被歡呼擁戴，這反而限制了自己，用滿足他人的人生來活出自己的生命。你當然可以選擇如此生活，只是這樣生活的代價，便是感覺自己變得小心翼翼，時時擔心著他人會不會因為自己的一點不小心或沒注意就對自己有了很差的印象，常常擔心著會被討厭與不認同。

暢銷書《被討厭的勇氣》作者岸見一郎曾在書中說：「所謂的自由，就是被別人討厭。」

當我們可以認知到「永遠被認可與喜歡，是不可能達到的」的時候，比較能夠開始真正理解「會被人討厭，是自然的」。一直追求著他人的認可，就變得為了滿足他人的期望而活，但正因為我們無法永遠滿足所有人的期望，讓他人不滿意也是理所當然的。

小時候，獲得父母的認可與肯定很重要，因為那能夠幫助我們在還無法自力更生時，促發父母更多的關注與養育的本能。但漸漸長大，我們靠自己也能活下去，即使讓某些人討厭，也肯定會有一些人是會喜歡自己的。若汲汲營營於讓「所有人」喜歡與滿意，始終會徒勞無功，最後失去了自己，更失去了擁有選擇自己想要生活的自由。

但就算知道被討厭是必然，但仍會擔心被討厭。這是一個重要的開始，我們可以開始認識自己是誰、自己想要什麼，嘗試去找到自己想要過怎麼樣的生活，即使暫時還找不到，但我們能夠慢慢地去試，給自己時間感受，想要什麼、不想要什麼，很多事情可能會變得麻煩、沒有一個正確答案，甚至需要時間去摸索，但也因為這個摸索的過程，更加理解自己喜歡的生活模式，更能在自己需要的時候選擇想要的生活。

別因為害怕改變，而不改變

《被討厭的勇氣》一書中便到：「不想被討厭，是身為人很自然的傾向」，要改變倚賴他人的想法與感受而活的舊方式，肯定內心也會歷經一段波動與掙扎。但若決定待在舒適圈中，可以感受到暫時的安全，當我們因為別人的想法與感受而遭受委屈時，可以怪罪他人，不用為自己的選擇負起責任，同時卻失去了為自己作主的權利與能力，變得無法相信自己，也不敢捍衛自己的選擇，只想待在一個安全的地方，即使知道改變之後，可能會感覺更加自在，也因為害怕改變而不敢選擇改變。

被討厭當然不會讓人感到愉快與開心，當然也沒有人會以「被討厭」為樂，但若過度追求著「所有人」的喜愛與認同，就像要完成一個「不可能的任務」，從某種角度來說，你也是一個很喜歡「挑戰不可能」的有勇氣的人啊！

若可以將這樣的勇氣與毅力花在更加理解自己，瞭解即使無法被所有人認同，但我知道我這麼做的價值與意義時，就可以將焦點放在做這件事、這個舉動對自己的重要價值，雖然有時要承受他人的討厭仍會感受不舒適，但也可以知道或許就是因為彼此的價值觀不同，只要不傷害他人的權益，我們是可以在乎與滿足自己的感受與需要。

提升被討厭的勇氣，你可以這樣試試看：

• 對自己說：

◎我不可能被所有人喜歡，也不可能被所有人討厭。

◎我不用為了讓一些人開心或滿意，而強迫自己放棄自己的樣子，只為讓那些人對自己滿意。

◎我就是一個夠好的存在。

• 問問自己：

◎我認為要做到什麼才是「好」？

◎而認為要「好」就要達到某些標準，是從哪裡學來的？

◎我做到了什麼？有哪些是我可以下次再努力調整的？

最大的弱點，是你自己

宜蓁自己的左腳有一整片粉紅色的胎記，小時候大人總是時常會感嘆她左腳的胎記好大一片，而且隨著年紀好像也愈來愈大片，媽媽也時常擔心著宜蓁的左腳，甚至去求神問卜了解女兒左腳會有這片胎記的意義，才能讓她稍微釋懷沒有替女兒生出正常皮膚的腳。

有趣的是，可能小時候的宜蓁神經太大條，當她看著聽著大人的感嘆與媽媽的擔憂，總是看了看自己的左腳，再看看自己的右腳，困惑地回應他們說：「我覺得我的左腳沒有粉紅啊！你們看錯了吧？」當時宜蓁沒有發現左腳真的有這片不規則、從腳踝一路延伸到屁股的粉紅胎記，只有注意到左腳小腿背後有一塊大約三個十元大小的暗紅色斑塊，但她也從來都不以為意。直到高中之後，有一天她坐在客廳仔細端詳了自己的腳，才突然發現：「好像我的左腳顏色真的有不一樣耶！」有夠後知後覺的……

以上是我本人的親身經歷，從小到大的成長歷程中，詢問我左腳皮膚狀況的人多到說不清，只要我穿會露出腳的短褲、短裙，第一次看到我的人都會好奇或關心地詢問，小時候的同學會問我的腳怎麼了，長大後大家會關心我的腳是不是過敏了。粗線條的我從來沒有想過我的左腳真的不一樣，只是覺得大家怎麼都會問同樣的問題，明明我的雙腳長得一樣啊！我就這樣長大了。

有一天下班，我在捷運上與同事閒聊各自的學生時期，討論到一些當時我們不知道是霸凌但卻是霸凌的狀況時，我赫然想起，小時候那些臉上或身上有胎記的同學，臉上總是鬱鬱寡歡，在意他人有沒有注意著自己的胎記。

一開始我認為自己很幸運，沒有碰上那些會排擠自己的同學。但後來想想，除了幸運沒有與霸凌者同班，但就某個角度來說，正因為我從來沒有發現我左腳的「與眾不同」，一旦同學詢問：「你的腳怎麼了？」我都是輕描淡寫地再看一眼確認我的左腳沒有其他東西，再用千篇一律的疑惑回答他們：「有怎麼樣嗎？」

相對於我對左腳的粗神經，我卻對自己的臉型莫名地在意，也特別自卑。即使從小到大聽過不少人稱讚我很漂亮，但我都覺得他們太主觀了！一定只是在說客套話，不是真的要稱讚我。反而若有人說我可愛，我還會自我解讀「可愛就是不漂亮」的意思。不管怎樣，不論對我的外貌有好或不好的評價，稱讚我時，我不認為那是真的，沒有受到稱讚時，就認為我的臉果然這麼圓、這麼不漂亮。也因為在意臉型，只要有人捏著我的臉說我好可愛，我不覺得開心反而覺得很丟臉。

最在意你的弱點的，就是你自己

有一天想到，我對左腳的態度與對臉的態度怎麼差這麼多？其實對於我的腳有反應的人可能遠遠大於說我臉圓的人，可是我就是很在意我的臉，反而是對於腳我始終覺得那「沒什麼」，而且現在認為的沒什麼，是「我知道它長得不一樣，但我仍然覺得它沒什麼」，照樣開心地穿短褲、短裙。

之所以腳上的胎記從來不會變成我被取笑的弱點，甚至一直以來我都大方接受他人對自己腿又長又美的稱讚，我猜想這正是因為，當我不覺得是弱點，那些有心人，自然不會挑選一個我不覺得是弱點的地方攻擊，即使想要攻擊，卻發現我對粉紅左腳沒有太多的反應，反而沒有人會想攻擊。反倒是，很多人知道我對臉型很在意，常常會笑我臉大或臉圓，每當看到我羞愧或啞口無言的表情，他們就更開心地下次會拿來作文章，不論是取綽號或是再拿出來取笑。

但其實，我們身上的那些弱點，不論是看得見的外貌或經濟能力，或是看不見的個性與能力，都不完全由他人來認定，更重要的是你怎麼看自己。當你覺得你自己不好，別人也會接收到這樣的訊息，他人也在不知不覺被你提示到：「欸，他很在意他的臉喔，是不是真的有點什麼呢？」，反而更讓他人有機會放大檢視你所在意的部分。更何況很多的弱點是「你自己認為的」，當你不覺得那是你的弱點時，別人再多的反應，也撼動不了你對自己的感覺。

承認缺陷，它就不會再是弱點

在真的發現我的左腳好像真的不一樣之後，雖然我仍然沒有太多負面的感受，但也對自己的左腳有更多的觀察，譬如天氣冷的時候，它會變成更明顯的紫色，天氣熱的時候它卻是比較不明顯的淡粉色。每當有人問的時候，我更會以開玩笑的態度回應他們，笑稱我的腳是溫度計，現在溫度如何看看我的左腳就知道了。有時，也會開玩笑裝可憐說是被打的，反而就在開心有趣的對話下結束他人對我的左腳的關心。

後來，我也想著，或許我對於臉型的在意，是因為我很擔心這樣不好看，卻沒有真正好好的觀察過我的臉與五官。有一天我真的靜下來好好看著鏡中的自己時，發現自己的確對於臉型不甚滿意，但其實我的眼睛也很圓、很大，鼻子、嘴巴也小巧。我接受對臉型的不滿意，但我的五官仍然有它們的美。雖然仍然在意，但我也能用比較輕鬆的態度去自我解嘲，有時在中秋節時，笑成自己的臉比月亮圓多了，大家賞我的臉就好了！

在接受自己的弱點之後，雖然未必會就此感覺自己的臉圓跟我的左腳一樣真的沒什麼，還是會感到有些自卑，有時仍會覺得自己長得不好看。但也會開始提醒自己：或許比起別人，更在意我臉型的就是我自己。承認臉圓，就不會特別想要遮掩這個自己不想承認的缺點，別人說我臉圓好像也是理所當然的事，我想的就不是躲藏，而是想著：「對啊，臉型的確不滿意，但還好眼睛挺漂亮的」。

當你可以開始接受自己是有缺點的，也不要忘記看看所擁有的優點，平衡的看待所有的自己，你也會比較能夠公平的對待自己的缺少與擁有，進而影響他人怎麼對待你。

想要開始認同自己，你可以這樣想一想：

- 我認為自己是一個怎麼樣的人（試著用三個形容詞形容自己）？
- 我喜歡自己的部分是什麼？為什麼？
- 我不喜歡自己的部分是什麼？為什麼？
- 練習每一天，都看見三件自己有做到的事，鼓勵自己今天做得不錯的事。

平凡與不平凡，都很好

以前，孟欣很習慣聽話，盡量配合班上老師的指令，總而言之就是要讓自己好好地融入整個團體裡面，不要作怪，老師就會肯定她是個聽話的小孩！而且看到班上那些「奇怪」的人，例如總是問老師她從沒想過的問題，或是就是很難聽老師的話、總是有很多意見想要表達的同學，看著、聽著老師不耐煩的表情，孟欣也漸漸決定自己絕不要跟這些「奇怪」的同學做一樣的事，乖乖的，就好了。

可是長大後，孟欣卻發現過去那些「奇怪」的舉止或特質，卻開始被大家視為一種「獨特」。反而是她這種沒有任何事需要被老師操心，但也沒做什麼事引起老師注意的學生，就這麼默默的度過了學生時期。老師會記得有她這個名字，卻很難記得是誰、有怎麼樣的個性。讓孟欣開始覺得，自己真是沒有特色的學生啊！

當社會開始改變，我們原有的價值觀也開始轉變。過去崇尚穩定、從一而終，現在卻愈來愈重視獨特、創造力。在這樣的改變下，小時候被父母耳提面命要努力讀書以後好找一個穩定工作，能在一間公司從年輕待到退休，是最幸福的事。然而現在，許多的新興行業竄出頭來，卻是靠著獨創性來引起大眾的注意力與新鮮感。

過去的幸福，是追求平實而穩定的生活；但現在，平凡的存在卻更加容易隱沒。

其實你不需要被「不凡」綁架

現在，平凡不再是眾人奉為圭臬的主流價值，身邊的人總是會被獨特的人吸引，你帶著欽羨的目光望向被眾所矚目的他們，看著他們擁有許多的粉絲，你欣賞他們的獨有特質，卻不知道平庸的自己，擁有什麼值得被人注意到的價值。

於是你拚命的找，卻發現自己不上不下，當你處在群體中，總讓人感覺到和諧沒有突兀之處。可是你卻很難滿足於這樣的自己，你知道自己是十足完美的團體成員，但當你獨立於群體之外時，卻鮮少有人能夠說出你與眾不同之處。

你漸漸地以為，只有「不平凡」才能吸引他人的目光。你拚命的想要挖掘自己的特別，卻發現自己一無所獲，便譴責自己竟然沒有一個真的「獨特」到別人追不上的特質與能力。於是再次失落於自己的平庸。

當你一直注意著自己缺少了獨特，拚命的想要挖掘自己與他人的不一樣，你也正在被「不凡」這樣的主流價值觀所綑綁，只注意到不凡的美麗以及吸引目光的能力，只在乎著自己有沒有什麼特色值得被開發，卻忽略自己身上已經擁有的價值，以及平凡所擁有的意義。但若我們以為只有不凡才能被注意，甚至才能被記住，就會拚命地想找尋屬於自己的不凡，然後繼續開始自我懷疑，進而否定自己的價值。

平凡的你，絕對也有平凡的價值

學會接受自己的平凡，接受自己原本的樣子，而不為了對抗自己的平凡，扭曲了「平凡」的價值與意義。可能你曾討厭自己的平凡，以為平凡讓你成為一個毫無意義的存在。可能你也曾對自身的平凡感到失落，覺得自己終究不是會被他人重視與注意的焦點。但這些想像，只是因為你把平凡當作缺陷，卻沒有看見平凡的價值。

不凡的人容易被他人看見，也容易在他人心中留下烙印，同時，若擁有他人所難企及的特質與能力，容易讓人產生妒忌，甚至因此得時常承受他人更加強烈的攻擊。不論是批評他「有什麼了不起」，或是直接否定這個「不凡能力」的價值，不凡的人也需要練習承受他人異樣的眼光。

而平凡，雖然容易被忽略，但也因為總是能夠藏身於人群之中，不容易被注意，也相對不容易被攻擊與拿出來挑剔。

你可能不喜歡自己的平凡，會因為自身的平凡而感到落寞與迷惘，不知道該去哪裡找尋自己的「獨特之處」。但是，並非獨特才具有價值，平凡也有它的價值與意義，不凡與平凡，他們擁有的條件這麼不同，你怎麼會覺得只有獨特才好？

有時候，這個社會太過強調獨特的意義，也太矮化平凡的價值，在追求獨特的背後，其實是多數人想滿足的是被關注的渴望，希望自己的能力與努力會被注意與肯定，卻以為只有變成獨特才有機會被關注與肯定。

想要被關注與肯定，你所需要做的，並非一定要把自己變得獨特才行。雖然容易隱身於人群，但更需需要因此重視自己的力量。就像螺絲釘要清楚自己的重要性，了解哪裡需要自己的存在。螺絲釘的價值，不在追求「突出」、「天賦異稟」，轉而追求「穩穩固定住每一個零件的連結」，很平實也很單純，平常我們也看不出它的「獨特之處」，可它卻是幕後功臣。雖然看起來只有它無法創造什麼產值，但仍有它的重要性與價值。

平凡，帶給我們安全，是平凡的價值與意義。不論你平凡或不凡，都有屬於你的事物等待你去經歷，不論這些事物有趣、令人期待，或是讓你煩躁不安、憤怒，都該回過頭來，跳脫出平凡與不凡的框架，重新看待自己的生命，而不是由平凡或不凡來定義自己。

找到你的人生任務，發揮你的能力與意義

儘管目前大家是如此推崇、欽羨著不凡，他們創造不同，且引領新的想法與思潮，他們能發揮的能力便是「創新」；而「平凡」價值與意義，是重要的幕後人員，即便平常看不到也注意不到，但是重要性沒有人可以否定。

你要做的，不是將平凡變不凡，或把不凡變平凡，而是看見不凡與平凡，本就帶著不同的任務與意義。

你需要開始練習，接受自己的平凡，接受不代表你要放棄追求你的價值，而是從平凡的生命當中，找出屬於你生活的意義與價值，才能在平凡當中感受到自在。

你可以主導你自己的人生。平凡，仍然可以成為一種價值，那是不凡所做不到的價值。

平凡，真的也很好。

開始接納平凡，你可以這樣試試看：

1 對自己說：

- 當我不甘於「平凡」，我出現的是怎麼樣的心情與想法？
- 暫停自己與他人的比較，問問自己當感覺自己「平凡」，造成什麼你不喜歡的處境？
- 同時，有什麼你感覺舒服的處境？

2 提醒自己：

- 我的價值不在於我「做了什麼」，而是我這個人做得到什麼？做不到什麼？
- 我仍然可以欣賞我自己。

練習「肯定自己」，就一定能更好

有時候當有一件事做不好的時候，玉蓉會很自責，怪自己怎麼會浪費時間，不然就能做得更好，或是覺得自己真是笨透了，連這個都無法做好。然後一遍又一遍地檢視自己哪個環節沒做好，才會造成這樣出差錯的結果。

然而，每當玉蓉懊悔不已感到沮喪的時候，朋友看到她這樣，就會很訝異玉蓉竟然覺得自己做得很糟，因為他們覺得玉蓉做得超級好，可能有80分甚至到90分的程度，可是玉蓉很難信任他們的說法，有時覺得他們應該只是在安慰自己。她的感覺跟他們的感覺好像差很多，很難相信對方說的是不是真的，但玉蓉還是會一直把注意力放在那些她做得不夠好的部分……

感覺自己「好」，對很多人來說很困難。不是不想要「感覺好」，甚至渴望著可以感覺自己是一個不錯的人，但是要達到「不錯」的標準，往往需要很多很龐大的努力，甚至要把自己燃燒殆盡也未必覺得自己「夠努力」了，因為你把自己可以滿意的標準，放在一個一般人達不太到的位置，這樣我就不用被別人比下去，甚至別人就沒有機會說我哪裡還不夠好、需要修正了。

但這樣的過程當中，我們容易把他人的評價，作為評斷自己做得如何的標準，別人拍手叫好，就覺得自己這次真是做了一件不得了的事，但只要一個人提出一些疑惑或是覺得不認同的地方，你對自己的評價就馬上翻盤，開始鑽牛角尖地想著：「他提出的這些疑惑或不同的意見，是不是真的是我做錯了？」、「我是不是真的太自以為是了？我應該要花更多時間在那上面的」，不斷檢視著自己被他人不認同的部分，夾雜著對自我的譴責。

只有不間斷地努力，才感覺安心

或許有人會把你這樣的狀態，說成是「完美主義」，因為對自己的標準很高，不容許些許小瑕疵。但其實你知道，你不容許的是，這些小瑕疵影響了我在他人眼中的印象與觀感。

對許多完美主義的人來說，「努力」是對自己最最基本的要求，他們花很多的心力，努力把每一個小細節都抓準，不可以有任何一絲遺漏。若不能把握住這些小細節的話，就會覺得自己被別人抓住了小辮子一般，失去了安全感。

可是，這個安全感是：當我努力到完美無缺，別人就可以知道我的能力不是蓋的，就不用承受他人的責備與責怪。再者，我已經忙得不見天日了，每分每秒都用在努力把事情做好上面，這樣當我表現不好的話，或許就不會有人覺得我「不夠努力」了。其實都只是為了逃離他人的責怪，因為他人的責怪曾讓我感到無比害怕，可能是小時候被父母師長責備體罰的經驗，讓我覺得非努力不可，否則我就是個糟糕的人。

永遠都在設定「達不到的目標」

追求完美，是為了避免「害怕」的不安感來襲，會讓自己無所適從。一旦我停止了努力，就沒有安全的保護罩，過度努力反而讓人沒有機會停下來感受「美好」的成就感。

有時候，甚至一次次幫自己設定一個伸手不可及的目標與標準，要求自己達成。一旦達不到，不會認為是自己設立太高的標準，反而會責備自己不夠努力、不夠認真。然而，當快要達到目標時，還沒感受到愉悅與成就感，又立即設立了一個更高的目標。於是你忙著設定的永遠「達不到的目標」，一直在自我挫敗與無能感當中飄盪。

追求進步不是不好，甚至可以讓人更加成長。但你是否已經遺忘了想要成長與進步的初衷，那個想要追求更好的自己，什麼時候開始被他人的評價淹沒了自己對自己的期望？當我們抱持著對進步的熱情，是想著挑戰自己更高的極限，會感覺每一次都是自我突破的挑戰；當我們把他人的評價當作自我表現的評估準則，我們是將每一次的挑戰都視為害怕被發現弱點的考試。

感覺好，不會讓我們停止努力

有時我們害怕著「感覺好」會讓我們怠惰，於是避免讓自己滿足於自己現在的表現，但是追求進步，是需要能量的，但當若把自己的熱情用害怕取代，卻沒有給自己足夠的「好」能量補充進來，總有一天會失去進步的動力。

唯有「總是」感覺自己很好，可能讓我們停留在現狀，但是透過肯定自己現在的表現，看見自己是怎麼達到現在所完成的事情，反而能夠讓人有足夠的力量面對挑戰與困難，也不至於因他人的評價，而完全決定了自己的價值，被自己的完美主義壓垮。

讓完美主義，成為你進步的動力，而不是吸光能量催狂魔。

想要與不完美和平共處，你可以這樣試試看：

1 深呼吸，對自己說：

「足夠好，就好了，我不用追求到完美，我也已經夠好了。」

2 想一想：

- 對於完美的渴望，來自自己怎麼樣的經驗？
- 當我沒有達到完美，會發生什麼事？而我的擔心怎麼影響我要逼迫自己達到完美？

3 自我鼓勵：

- 今天可能我表現得不夠完美，但我做的不錯的部分有什麼？
- 我可以再進步的地方有哪些？
- 我可以怎麼幫助自己進步？

你，其實很好

學會重新愛自己

作者 吳宜蓁
編輯 林憶欣
校對 林憶欣、鄭婷尹
封面設計 黃珮瑜
美術設計 唯翔工作室

發行人 程顯灝
總編輯 呂增娣
主編 徐詩淵
資深編輯 鄭婷尹
編輯 吳嘉芬、林憶欣
編輯助理 黃莛勻
美術主編 劉錦堂
美術編輯 曹文甄、黃珮瑜
行銷總監 呂增慧
資深行銷 謝儀方、吳孟蓉

發行部 侯莉莉
財務部 許麗娟、陳美齡
印務 許丁財
出版者 四塊玉文創有限公司

總代理 三友圖書有限公司
地址 一〇六台北市大安區安和路二段二一三號四樓
電話 (02) 2377-4155
傳真 (02) 2377-4355
E-mail service@sanyau.com.tw
郵政劃撥 05844889 三友圖書有限公司

總經銷 大和書報圖書股份有限公司
地址 新北市新莊區五工五路二號
電話 (02) 8990-2588
傳真 (02) 2299-7900

製版印刷 卡樂彩色製版印刷有限公司
初版 二〇一八年九月
定價 新台幣三〇〇元
ISBN 978-957-8587-40-3（平裝）

國家圖書館出版品預行編目(CIP)資料

你，其實很好：學會重新愛自己 / 吳宜蓁作. --
初版. -- 臺北市：四塊玉文創, 2018.08
面； 公分

ISBN 978-957-8587-40-3（平裝）

1.自我肯定 2.自信

177.2 107014130

SAN YAU
http://www.ju-zi.com.tw
三友圖書
友直 友諒 友多聞

心靈好書

《愛，為何會傷人？》

作者：武志紅／定價：280元

愛，為何會傷人？因為我們常看不清愛情的真相，總是與自己幻想出來的人相愛，而忽略對方的真實存在。我們所歌頌的美好愛情，從心理學的專業角度來看，其實也只是愛情的初階而已。作者武志紅從心理學角度，給了我們答案：愛情是一種輪迴，在愛情中，我們想重溫童年的美好，修正童年的錯誤⋯⋯

《結婚，妳想清楚了嗎？：走向幸福婚姻的36堂課》

作者：韓相福／譯者：陳郁昕／定價：280元

為什麼愛得愈深，就愈不安？甜蜜的愛情，為什麼變得讓人害怕？自己真的是他的最愛，還是收集品之一？這個人，真的可以一起生活嗎？熱情的戀愛過後，到了需冷靜的瞬間⋯⋯婚姻，不是浪漫愛情的happy ending，而是另一段成熟愛情的開始，在步入結婚禮堂前，妳，想清楚了嗎？

《心靈過敏：你的痛我懂，讓我們不再孤單地活著》

作者：紀雲深／定價：280元

在一段關係之中失衡，開始逃避交際，或強迫自己適應社會，卡在一個不上不下的狀態⋯⋯生活上會面臨許多壓力與問題，使你的心靈變得敏感，產生憂鬱、躁鬱、不安⋯⋯與父母的爭執、愛人的背叛、友情的束縛、迷失自我⋯⋯當你感覺世界上只剩下自己時，還有這本書陪著你，一起找到生命的答案。

《氣味情緒：解開情緒壓力的香氛密碼》

作者：陳美菁／定價：320元

在愛情中受挫、親情裡窒息，陷入人生低潮的時刻，讓氣味喚醒最深層的記憶，用最療癒的香氣，給你最關鍵的救贖⋯⋯你喜歡的香味，反映了你的潛意識，橫跨愛情、親情、職場三領域，與前男友的曖昧、與父母的溝通障礙、職場的工作壓力⋯⋯讓香味來幫你找到內心深處的答案。

心靈好書

《身體都知道：30條找回健康，尋回自我的旅程》

作者：武志紅／定價：280元

你曾感覺到肩頸酸痛，卻始終不知道原因？即使還沒到隆冬，但身上的衣服已經加上一件又一件？身體是你最親密的朋友，而我們，往往因為過於重視「腦」中的想法，忽略了感受與身體，將自己關在囚籠之中。其實，身體正默默地告訴著你心靈的答案，學會接受自己，活出真實的自己吧！

《轉個念，心讓世界大不同》

作者：曉亞／定價：320元

曾幾何時，我們忘記如何真正地生活，日子被工作填滿，充滿壓力與煩心，需要的不多，想要的很多，當欲求越多，快樂便離你越遠，只要願意，轉個心念，幸福近在咫尺，無所不在。讓我們從「心」開始，學習52個轉念哲學，做自己心的主人，轉個念，世界就會大不同。

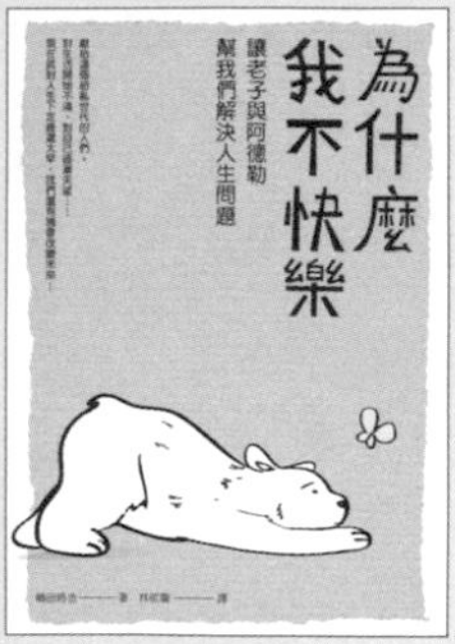

《為什麼我不快樂：讓老子與阿德勒幫我們解決人生問題》

作者：嶋田將也／譯者：林依璇／定價：260元

對生活開始不滿、對自己逐漸失望……現在就對人生下定義還太早，我們還有機會改變未來！作者嶋田將也結合心理學和哲學，讓阿德勒的被討厭的勇氣，以及老子的無為而治，來探討關於心靈、情緒、成功等主題，為我們困頓的人生找到解答！

《温語錄：如果自己都討厭自己，別人怎麼會喜歡你？》

作者：温秉錞／定價：350元

為什麼人要活得這麼辛苦？明明想努力，卻老是變無力？怎麼做什麼都覺得累……？累到都快忘了夢想是什麼？不費力的生活從來都不簡單。大聲告訴自己：人生與夢想，無論哭著、笑著都要走完！就和温秉錞一起品味人生百態，人生絕不會只有「糟糕」的一面！哭完、笑完後，心也暖熱起來！

廣 告 回 函
台北郵局登記證
台北廣字第2780 號

地址： 縣/市 鄉/鎮/市/區 路/街

段 巷 弄 號 樓

SANYAU

三友圖書有限公司 收

SANYAU PUBLISHING CO., LTD.

106 台北市安和路2段213號4樓

SANYAU
三友圖書
讀書俱樂部

「填妥本回函，寄回本社」，即可免費獲得好好刊。

粉絲招募歡迎加入
臉書／痞客邦搜尋
「三友圖書-微胖男女編輯社」
加入將優先得到出版社
提供的相關優惠、
新書活動等好康訊息。

四塊玉文創╳橘子文化╳食為天文創╳旗林文化
http://www.ju-zi.com.tw
https://www.facebook.com/comehomelife

【黏貼處】對折後寄回，謝謝。

親愛的讀者：

感謝您購買《你，其實很好：學會重新愛自己》一書，為感謝您對本書的支持與愛護，只要填妥本回函，並寄回本社，即可成為三友圖書會員，將定期提供新書資訊及各種優惠給您。

姓名＿＿＿＿＿＿＿＿＿＿ 出生年月日＿＿＿＿＿＿＿＿＿＿

電話＿＿＿＿＿＿＿＿＿＿ E-mail＿＿＿＿＿＿＿＿＿＿

通訊地址＿＿＿＿＿＿＿＿＿＿

臉書帳號＿＿＿＿＿＿＿＿＿＿

部落格名稱＿＿＿＿＿＿＿＿＿＿

1 年齡
□18歲以下 □19歲～25歲 □26歲～35歲 □36歲～45歲 □46歲～55歲
□56歲～65歲 □66歲～75歲 □76歲～85歲 □86歲以上

2 職業
□軍公教 □工 □商 □自由業 □服務業 □農林漁牧業 □家管 □學生
□其他＿＿＿＿＿＿＿＿＿＿

3 您從何處購得本書？
□博客來 □金石堂網書 □讀冊 □誠品網書 □其他＿＿＿＿＿＿＿＿
□實體書店＿＿＿＿＿＿＿＿＿＿

4 您從何處得知本書？
□博客來 □金石堂網書 □讀冊 □誠品網書 □其他＿＿＿＿＿＿＿＿
□實體書店＿＿＿＿＿＿ □FB（三友圖書－微胖男女編輯社）
□好好刊（雙月刊） □朋友推薦 □廣播媒體

5 您購買本書的因素有哪些？（可複選）
□作者 □內容 □圖片 □版面編排 □其他＿＿＿＿＿＿＿＿

6 您覺得本書的封面設計如何？
□非常滿意 □滿意 □普通 □很差 □其他＿＿＿＿＿＿＿＿

7 非常感謝您購買此書，您還對哪些主題有興趣？（可複選）
□中西食譜 □點心烘焙 □飲品類 □旅遊 □養生保健 □瘦身美妝 □手作 □寵物
□商業理財 □心靈療癒 □小說 □其他＿＿＿＿＿＿＿＿

8 您每個月的購書預算為多少金額？
□1,000元以下 □1,001～2,000元 □2,001～3,000元 □3,001～4,000元
□4,001～5,000元 □5,001元以上

9 若出版的書籍搭配贈品活動，您比較喜歡哪一類型的贈品？（可選2種）
□食品調味類 □鍋具類 □家電用品類 □書籍類 □生活用品類 □DIY手作類
□交通票券類 □展演活動票券類 □其他＿＿＿＿＿＿＿＿

10 您認為本書尚需改進之處？以及對我們的意見？
＿＿＿＿＿＿＿＿＿＿

感謝您的填寫，

您寶貴的建議是我們進步的動力！

【黏貼處】對折後寄回，謝謝。